Kagarlitzki schildert, was seit der Auflösung der UdSSR in Russland geschehen ist und wie sich das soziale und kulturelle Leben bis in die heutige Zeit verändert hat. Er beschreibt die Herausbildung neuer nationaler Oligarchien und das dramatische Fehlen einer echten Opposition. Ein Grundlagentext zum Verständnis der aktuellen Ereignisse in Russland.

BORIS KAGARLITZKI, Soziologe und politischer Dissident in der UdSSR wie auch im postsowjetischen Russland. 1990 bis 1993 Mitglied der Sozialistischen Partei Russlands und Abgeordneter des Moskauer Stadtsowjets, später Mitbegründer der Arbeiterpartei und Berater des Vorsitzenden des russischen Gewerkschaftsbundes. Heute Direktor des Instituts für Globalisierung und Soziale Bewegungen (IGSO) in Moskau. Schreibt regelmäßig für die *Moscow Times* und *Eurasian Home*.

BORIS KAGARLITZKI

BACK IN THE USSR

DAS NEUE RUSSLAND

AUS DEM ENGLISCHEN ÜBERSETZT VON RONALD GUTBERLET

EDITION NAUTILUS

Die Originalausgabe des
vorliegenden Buches
erschien unter dem Titel
Back in the USSR
bei Seagull Books,
London/New York/Kalkutta
2009

aus dem Russischen
übersetzt von Günter Meyer

EDITION NAUTILUS
Verlag Lutz Schulenburg
Schützenstraße 49 a
D-22761 Hamburg
www.edition-nautilus.de

Deutsche Erstausgabe
Februar 2012
Umschlaggestaltung
Maja Bechert, Hamburg
www.majabechert.de
Autorenporträt Seite 2: © privat
Druck und Bindung:
Beltz Bad Langensalza
1. Auflage
Print · ISBN 978-3-89401-756-9
eBook · ISBN 978-3-86438-076-1 (ePub)
ISBN 978-3-86438-077-8 (PDF)

★

Ein eigenartiger Aspekt der post-sowjetischen gesellschaftlichen Situation in Russland und anderen früheren Republiken der UdSSR ist, dass sie fast zwei Jahrzehnte nach dem Zerfall des alten Staates noch immer als »ehemals sowjetisch« angesehen werden und sich auch so definieren. Bereits zehn Jahre nach dem Ende des Zarenreichs hat sich niemand mehr auf dessen Hinterlassenschaft bezogen, um die Lage im Land zu erklären. Und wenn jemand vom alten Regime sprach, dann nur, um den Unterschied zur Vergangenheit deutlich zu machen. Das gilt nicht für die Staaten der ehemaligen Sowjetunion.

Natürlich ist der Unterschied zwischen der sowjetischen Vergangenheit und der kapitalistischen Gegenwart eklatant, aber gerade das ist ja das Faszinierende an dieser Frage: Warum beziehen sich die neuen Eliten immer wieder auf die alten Zeiten, um ihre Existenz zu legitimieren? Warum versucht die Werbung ständig, den Konsumenten einzureden, dass die angebotenen Produkte genau die gleichen seien wie früher zu Sowjetzeiten?

Warum organisiert die Regierung in Moskau Jahr für Jahr eindrucksvolle Siegesfeiern, die eindeutig an die alten sowjetischen Zeremonien erinnern?

Doch obwohl diese Eliten ihre Legitimität aus der ständig beschworenen Nachfolge der UdSSR ableiten, sind sie gleichzeitig strikt antikommunistisch. Auf der einen Seite wird die sowjetische Vergangenheit verherrlicht, auf der anderen werden ständig Schreckensnachrichten über sie verbreitet. Fernsehdokumentationen und Spielfilme über die stalinistische Repression und die Heldentaten der Weißen Garden im Kampf gegen die Bolschewiki werden mit beeindruckenden Budgets produziert.

Man könnte dies damit abtun, dass die russische Propagandamaschine eben schizophren ist. Aber die eigentliche Frage lautet doch: Warum ist das so?

Kurz nach dem Zerfall der Sowjetunion war die Lage noch eine andere. Der Staat stellte sich als das »Neue Russland« dar und behauptete, nur wenig mit dem ehemaligen Regime gemein zu haben. Nun wurde der 12. Juni zum Tag der russischen Unabhängigkeit erklärt, um jenes Datum zu feiern, an dem das russische Parlament 1990 die »Erklärung der Souveränität« beschloss und Jelzin, ein Jahr später, zum Präsidenten gewählt wurde. Dieser öffentliche Feiertag ist geblieben, aber die offizielle Propaganda wagte es nicht länger, ihn als »Unabhängigkeitstag« zu bezeichnen. Er wurde später in »Tag Russlands« umgewandelt, und tatsächlich wunderte sich niemand darüber, warum genau dieser Tag gewählt worden war.

Die Erfindung einer herrschenden Klasse

Die Angehörigen der neuen Wirtschaftselite, die nach dem Ende des Sowjetsystems in Moskau und anderen Städten ziemlich schnell entstand, wurden bald schon als die »neuen Russen« bezeichnet. Kurz darauf kamen zahlreiche Witze über ihre eigenartigen Verhaltensweisen und ihren luxuriösen Lebensstil auf. In einem dieser Witze versuchen zwei »neue Russen«, einander zu übertrumpfen: »Ich hab diese Krawatte für eintausend Dollar gekauft«, sagt der eine. »Da hast du dich ja ganz schön übers Ohr hauen lassen«, erklärt daraufhin der andere, »nicht weit von hier gibt es einen Laden, wo du sie für das Doppelte kaufen kannst!«

Viele dieser Leute schienen aus dem Nirgendwo zu kommen, niemand kannte ihre persönlichen Hintergründe. Noch mehr von ihnen hatten eine kriminelle Vergangenheit. Aber der größte Teil des Wohlstands ging nicht an diese Emporkömmlinge, sondern an die Elite der alten sowjetischen Bürokratie, die früher als »Nomenklatura« bezeichnet wurde. Diese Gruppe bestand aus Partei- und Staatsfunktionären, die nicht nur über politische Macht, sondern auch über bestimmte materielle Privilegien verfügten, was in einer Mangelwirtschaft sehr wichtig ist, auch wenn die Privilegien in modernen kapitalistischen Verhältnissen eher bescheiden waren.

Tatsächlich war die russische Privatisierung kaum mehr als eine Umverteilung von Wirtschaftsgütern zwischen den verschiedenen bürokratischen Gruppen, die im sowjetischen System schon lange vor den Reformen existiert hatten. Die liberalen Reformen der 1990er Jahre hatten den Zweck, nationales Eigentum praktisch zum Nulltarif wegzugeben und das wirtschaftliche Potenzial der früheren Supermacht aufzulösen. Man sollte sich in diesem Zusammenhang noch einmal vergegenwärtigen, dass die Sowjetunion nicht nur in politischer, sondern auch in wirtschaftlicher Hinsicht eine Supermacht gewesen war. Sicherlich, die sowjetische Wirtschaft arbeitete so ineffektiv wie nur möglich, aber sie war dennoch die zweitgrößte der Welt.

Kurz vor den marktwirtschaftlichen Reformen rechneten einige Ökonomen aus, dass in Russland nicht genügend Kapital vorhanden sei, um die Wirtschaftsgüter, die sich in Staatsbesitz befanden, kaufen zu können. Die finanziellen Ressourcen der Bevölkerung würden nur knapp ausreichen, um ein Prozent der vorhandenen Wirtschaftsgüter zu privatisieren. Natürlich kommt es darauf an, wie hoch man den Wert der jeweiligen Güter ansetzt. Anatoli Tschubais, der später als »Vater der russischen Privatisierung« bezeichnet wurde (und nun Vorsitzender einer Aktiengesellschaft ist, die in die Entwicklung von Nanotechnologien investiert), wurde nicht müde zu verbreiten, man könne keine vernünftigen Berechnungen durchführen, weil es gar keinen Markt gebe, und nur der Markt könne Auskünfte über den wahren Wert der Wirtschaftsgüter geben. Ob es wirklich »keinen Markt« in der UdSSR gab, ist eine offene Frage, aber die Weltmärkte existierten sehr wohl und hätten den Reformern deutliche Hinweise auf den Wert dieser Güter geben können. Und selbst wenn niemand gewusst hätte, wie viel ein Interessent für eine zur Privatisierung anstehende Fabrik bezahlen sollte, hätte man zumindest eine Vorstellung vom Wert der hergestellten Produkte haben können. Wenn eine Fabrik zu weniger als fünf Prozent des Wertes der Produkte in ihren Lagerhallen veräußert wird, dann besagt das schon sehr viel. Oftmals kaufte jemand eine Fabrik, veräußerte die vorhandenen Waren und schloss anschließend den Betrieb. Damit konnte man immerhin 500 bis 1000 Prozent Gewinn machen. Sogar wenn die Käufer die Maschinen als Schrott verscherbelten, erzielten diese »neuen Unternehmer« einen enormen Profit.

In der Praxis wurden die meisten sowjetischen Unternehmen für weniger als ein Prozent ihres Marktpreises privatisiert – so gesehen waren die Ökonomen der späten 1980er Jahre allzu optimistisch gewesen. Als 1993, nach Jelzins Staatsstreich, das Parlamentsgebäude von der Regierung übernommen wurde, sollte es durch einen Zaun geschützt werden. Die Kosten für den Bau dieses Zauns waren viel höher als die Einnahmen des Staates durch die Privatisierung der Wirtschaft. Nur drei russische Firmen waren für einen Betrag verkauft worden, der über den Kosten für die Errichtung dieses Zauns lag.

Auch wenn das völlig absurd erscheint, hat dieser Prozess seine eigene Logik. Wenn man etwas nicht verkaufen kann (weil niemand es kaufen will), dann muss man es eben verschenken. Zwar waren ausländische Firmen durchaus bereit, mehr zu zahlen als russische Interessenten, aber auch sie schreckten davor zurück, allzu viel Geld zu investieren: Sie interessierten sich nur für die Sahnestücke, die die russische Elite sich ebenfalls unter den Nagel reißen wollte. Als die Frage, woher das Kapital kommen sollte, vom Tisch war, ging es nur noch darum, die Wirtschaftsgüter an Freunde, Partner und Verbündete zu verteilen.

Jene Führungskräfte in den politischen und ökonomischen Institutionen, die schon während der späten »kommunistischen« Jahre der UdSSR Macht besaßen, behielten auch während des gesamten Privatisierungsprozesses die Kontrolle und stellten nun den Kern der neuen kapitalistischen Elite dar. Zwei Drittel der Angehörigen der kapitalistischen Klasse, die in den 1990er Jahren entstand, hatte einen Parteihintergrund. Andere stammten aus der Geheimdienstelite des KGB. Natürlich ließ es sich nicht vermeiden, dass auch ungebetene Gäste mitmischten. Einige der neuen Besitzer waren zunächst nichts weiter als Treuhänder mit dem Auftrag, Geld und Güter für die Parteiführer und die staatlichen Funktionäre zu verwalten, da diese aus verschiedenen Gründen nicht in der Lage waren, das öffentlich zu tun. Natürlich hatten diese Treuhänder auch ihre persönlichen Vorteile im Auge. Oftmals unterschlugen sie Kapital, um eigene Unternehmen damit aufzubauen. Auf diese Weise sind viele berühmte Oligarchen zu Reichtum gekommen. Mitte der 1990er Jahre waren die Namen von Wladimir Gussinski, Boris Beresowski, Michail Chodorkowski, Roman Abramowitsch und vielen anderen auf der ganzen Welt bekannt. Aber als sich die politische und soziale Lage in Russland zu stabilisieren begann, verloren diese Newcomer an Einfluss. Und diejenigen unter ihnen, die nicht verstehen wollten, dass ihre Zeit um war, verloren nicht nur ihre politische und wirtschaftliche Macht, sondern auch große Teile ihres Eigentums.

Später beklagten sich westliche Experten lautstark über die Korruption in Russland. Seltsamerweise taten sie das rückwirkend, als der Prozess schon abgeschlossen und die neuen Besitzverhältnisse etabliert waren. Als in den frühen 1990er Jahren Nachrichten über Korruption und Plünderungen in Russland die westlichen Beobachter, Journalisten und Experten erreichten, von denen viele in Moskau arbeiteten, wiesen sie dies pauschal als »kommunistische Propaganda« zurück. Aber selbstverständlich waren ihnen diese Geschichten bekannt. Später, Ende der 1990er Jahre, zitierten sie genau jene Quellen, die sie wenige Jahre vorher als unseriös abgelehnt hatten.

Dennoch spielte die Korruption eine notwendige regulative Rolle: Sie stellte in dieser Situation das einzige brauchbare Kriterium zur Entscheidungsfindung dar. Anders ausgedrückt: Entweder du bist generell gegen die Privatisierung, oder du beklagst dich nicht darüber, dass sie die Korruption fördert und kaum zu unterscheiden ist von Beutemacherei und Plünderung.

Dem Prozess der Privatisierung folgte unweigerlich ein massiver Einbruch bei der Produktion. Es gibt unterschiedliche Ansichten darüber, wie groß die Anteile des Bruttoinlandsprodukts und der industriellen Kapazitäten waren, die tatsächlich verloren gingen. So wie die russischen Statistiken angefertigt werden, kann man sich nicht auf alle dort aufgelisteten Zahlen verlassen, aber sogar sehr vorsichtige Schätzungen ergeben, dass die Menge der produzierten Güter um rund vierzig Prozent zurückging und der Lebensstandard um fünfzig Prozent schrumpfte. Manche Fabriken mussten schließen, weil sie auf dem neuen liberalisierten Markt nicht bestehen konnten. Einige wurden durch Missmanagement ihrer neuen Besitzer in den Ruin getrieben. Viele Unternehmen litten außerdem unter dem Zerfall der Sowjetunion. Ihre Zulieferer und Kunden waren in verschiedenen Republiken angesiedelt, die nun unabhängige Staaten wurden, in denen andere Währungen, neue wirtschaftliche Gesetze und unterschiedliche Regeln der Privatisierung herrschten. Sie kamen in Schwierigkeiten, als ihre Partnerunternehmen geschlossen wurden, den Produktionsplan änderten oder sich anderen Märkten zuwandten. Waren, die früher in derselben Währung gehandelt wurden, mussten nun in vielen verschiedenen Währungen bezahlt oder gar in US-Dollars gekauft werden – und auch der Verfall des russischen Rubels verursachte einige Pleiten.

Wirtschaft im Niedergang

Von den vielen Firmen aus dem Besitz der ehemaligen Sowjetunion konnten nur die Unternehmen der Rohstoffgewinnung die Veränderungen unbeschadet überstehen. Tatsächlich profitierten sie sogar vom Niedergang der anderen Produktionssektoren. Als die Industrie zusammenbrach, ging der heimische Verbrauch von Öl, Gas und Metallen zwangsläufig zurück, was den Rohstoffunternehmen, die nun mehr zu verkaufen hatten, die Möglichkeit eröffnete, ihre Produkte für harte Währungen auf dem Weltmarkt anzubieten.

Es war vorhersehbar, dass der Rückgang der Wirtschaftsproduktion soziale Folgen haben würde. Im Jahr 1992 wurde die Krise so dramatisch, dass sogar das Parlament, das vorher für alle Reformen grünes Licht gegeben hatte, sich gezwungen sah zu reagieren. Die Abgeordneten konnten den wachsenden Unmut ihrer Wähler nicht mehr ignorieren und begannen, Präsident Boris Jelzin und sein Team von »jungen Reformern« zu kritisieren. Diese Kritik blieb weitgehend moderat und ging nicht über die Vorschläge hinaus, die die meisten Experten, darunter viele Befürworter der Marktwirtschaft, teilten. Das Parlament forderte kein Ende der Reformen, sondern lediglich »Korrekturen«. Viele Manager schlugen sich auf die Seite der Parlamentarier, um zu retten, was von der früheren sowjetischen Wirtschaftskraft noch übrig geblieben war.

Jelzin und seine Gruppe von resoluten Reformern reagierten schnell und einfach. Der Präsident beschuldigte alle seine Kritiker der kommunistischen oder faschistischen Verschwörung. 1993 wurde das Parlament aufgelöst und die Verfassung außer Kraft gesetzt. Dieser Staatsstreich wurde von den Führern der westlichen Demokratien begrüßt, ebenso wie die gewalttätigen Methoden zur Unterdrückung des Widerstands, der zwei Wochen lang anhielt.

Das von Panzern beschossene und in Brand gesetzte Parlament wurde zum Symbol des neuen autoritären Staates, der sich 1993 etablierte. Diese Entwicklung hin zu einem neuen russischen Obrigkeitsstaat bemerkten die westlichen Kommentatoren erst zehn Jahre später, als Jelzins Nachfolger Wladimir Putin seine Macht ausnutzte, um einige Oligarchen in ihre Schranken zu verweisen und die amerikanische Politik im Irak kritisierte. Gleichwohl hatte Putin es im Gegensatz zu Jelzin nicht nötig, einen Staatsstreich zu organisieren. Ihm genügte es, die außergewöhnlichen Befugnisse zu nutzen, die dem Präsidenten und seiner Administration dank der von Jelzin eingeführten Verfassung zur Verfügung standen. Außerdem führte er die Unterdrückung der Rebellion in Tschetschenien, die schon unter seinem Amtsvorgänger begonnen hatte, auf brutalste Weise fort. Jelzin war es gewesen, der die tschetschenische Hauptstadt Grosny zurück ins Mittelalter bomben ließ. Der Unterschied zwischen den beiden Präsidenten war nicht, dass der eine brutaler agierte als der andere, sondern nur, dass der zweite die Gewalt effektiver nutzte als der erste.

Die Krise von 1993 hatte noch weitere bedeutsame Folgen, die weniger sichtbar waren und kaum debattiert wurden. Jelzins Team hatte seine Lektion gelernt und korrigierte einige Aspekte der Reform.

Als Erstes machten sie, nachdem sie die politische Opposition in ihre Schranken verwiesen hatten, einen Deal mit der Manager-Elite in der Industrie und verschafften ihnen die Möglichkeit, am Privatisierungsprozess teilzuhaben. Einige Betriebe wurden so vor der Zerstörung bewahrt und später zur Basis des Wiederaufbaus der russischen Industrie. Und schließlich führte die Regierung wieder soziale Netze ein für jene Menschen, die unter den Auswirkungen ihrer Politik zu leiden hatten. Die verschiedensten Bürger hatten nun ein Anrecht auf staatliche Unterstützung. Darunter waren viele alte Menschen, die wegen ihrer elend niedrigen Pensionen hungern mussten; Lehrer, die mit Hungerlöhnen auskommen mussten; Arbeiter, die an unterschiedlichsten

Krankheiten litten, nachdem sie 1986 versucht hatten, die Nuklearkatastrophe in Tschernobyl einzudämmen; Offiziere der Roten Armee, die keine Lust mehr hatten, ihrem Land zu dienen, weil ihr Sold zu niedrig und die Truppe völlig demoralisiert war. All diese Menschen hatten nun ein Recht auf verschiedenste Zuschüsse und Zuwendungen, zum Beispiel auf Freifahrtscheine für Busse oder bezahlbare Mieten.

Gegen Ende der 1990er Jahre schien das Schlimmste überstanden zu sein. Jelzin konnte seinen Herausforderer Gennadi Sjuganow, einen Nationalisten im Gewand eines Kommunisten, besiegen und wurde als Präsident wiedergewählt. Viele behaupten, es habe sich um Wahlbetrug gehandelt, aber da die Gegenseite das Ergebnis akzeptierte und keine Meldungen von Unstimmigkeiten bei der Stimmenauszählung bekannt wurden, kann man davon ausgehen, dass es ein korrekter Sieg war.

Der Rubel schien sich zu stabilisieren und ein neuer Mittelstand entstand in Moskau und den anderen Metropolen. Eine neue Konsumkultur etablierte sich allmählich und brachte die Menschen dazu, neue Werte und Leistungsanreize zu akzeptieren. Achtzig Prozent der Bevölkerung lebte weiter in ärmlichen Verhältnissen, aber die anderen zwanzig Prozent waren zufrieden mit dem, was sie erreicht hatten. Das sind nicht viele, wenn man demokratische Maßstäbe heranzieht, aber genug für ein autoritäres Regime, um ihm eine gewisse Stabilität zu garantieren.

Das einzige Problem, das Jelzin und seine Leute nicht lösen konnten, war die Wiederbelebung der russischen Industrie. Für das Jahr 1996 wurde ein Wirtschaftswachstum erwartet, aber es kam nicht. Es blieb auch 1997 und 1998 aus.

Ein Grund dafür war die Finanzpolitik der Regierung, die von globalen Institutionen wie der Weltbank und dem Internationalen Währungsfonds ebenso gelobt wurde wie von den Repräsentanten der neuen einheimischen Mittelklasse, die sich über billige Warenimporte freuten. Anders ausgedrückt: Der russische Rubel war massiv überbewertet.

Um die Inflation niedrig und den Wechselkurs stabil zu halten, senkte die Regierung die Staatsausgaben und versuchte, so wenig Geld wie möglich zu drucken. Genosse Stalin pflegte zu sagen: »Wo ein Mensch ist, ist auch ein Problem. Wo kein Mensch ist, ist auch kein Problem.« Die liberalen russischen Ökonomen folgten der gleichen Logik: Wo Geld ist, ist auch Inflation. Wo kein Geld ist, ist keine. Diese Zurückhaltung beim Gelddrucken führte zu einer Situation, in der die Arbeiter, sowohl im öffentlichen als auch im privaten Sektor, über Monate hinweg keinen Lohn ausbezahlt bekamen. Gleichzeitig fehlten dem Staat Steuereinahmen, da die

Bevölkerung verarmte und die Industrie am Boden lag, und er sah sich gezwungen, Geld zu leihen. Die Schulden stiegen von Tag zu Tag. Darüber hinaus kam es 1997 noch zu einer Finanzkrise nach dem Zusammenbruch des thailändischen Baht. Außerdem verfiel der Ölpreis, und das bedeutete, dass Moskau keine Möglichkeit mehr zum Gegensteuern blieb.

Im August 1998 konnte die russische Regierung ihre Staatsschulden nicht mehr begleichen, und kurz darauf brach die Währung zusammen. Im September meldete die *Moscow Times*, der Rubel sei die am schnellsten verfallende Währung der Welt – was angesichts des düsteren Zustands des internationalen Finanzsystems eine bemerkenswerte Einschätzung war. Am 16. August stand der Rubel 6:1 gegenüber dem US-Dollar, Anfang September 12:1. Im darauf folgenden Jahr stabilisierte sich die Lage bei 30:1.

Mit der Währung brachen auch viele Banken zusammen. Sogar hohc Staatsbcamte hatten nun Schwierigkeiten, an ihr Gehalt zu kommen, da die Banken ihre Kreditkarten sperrten. Der Kreml geriet in Panik, und dic Wirtschaftsführer waren demoralisiert. Aber genau diese Situation war der Beginn der neuen wirtschaftlichen Expansion in Russland.

Als die Importe drastisch zurückgingen, konnten sich die inländischen Produzenten erholen. Der billige Rubel bewirkte, dass die heimischen Betriebe wieder konkurrenzfähig wurden. Neue Arbeitsplätze entstanden. Und die Regierung unter dem keynesianischen Premierminister Jewgeni Primakow begann, Geld in die Industrie zu pumpen und die ausstehenden Löhne zu zahlen.

Primakows Regierung druckte Geld, und die Inflation ging zurück! Diese einmalige Situation war nur möglich, weil die Preise vor dem Zusammenbruch zu hoch gewesen waren. Als nun Geld in den Wirtschaftskreislauf gepumpt wurde, näherten sich die Preise wieder den tatsächlichen Verhältnissen an.

Kurz nach dem industriellen Aufschwung gab es weitere gute Nachrichten. Die Ölpreise auf dem Weltmarkt zogen an. Während der Krise hatte der Ölpreis bei 17 bis 18 US-Dollar pro Barrel gelegen. Im Frühjahr 2000 verdoppelte sich der Preis und stieg in der folgenden Dekade kontinuierlich an, bis er 2008 den Rekordstand von 147 bis 148 Dollar pro Barrel erreichte.

Russische Wiedergeburt

Mit steigendem Einkommen konnten verschiedene Schichten der russischen Bevölkerung nun endlich die Freuden des Konsums genießen, von denen sie zu Sowjetzeiten nur geträumt hatten. Mit dem Aufschwung ging eine Wiederbelebung des kulturellen Lebens einher. Mexikanische Soaps im Fernsehen wurden von heimischen Produktionen abgelöst (die teilweise allerdings auf importierten Drehbüchern basierten). In den Kinos sah man nicht mehr nur Hollywood-Filme, sondern auch Werke von russischen Filmemachern. Tatsächlich aber waren viele dieser Produktionen nur dem Namen nach russisch: In den meisten Fällen handelte es sich, kulturell betrachtet, um Filme amerikanischer Machart, die von Russen hergestellt wurden. Die Tradition des sowjetischen Kinos war verloren gegangen und etwas Neues musste erfunden werden. Die Verlagslandschaft, die in den 1990er Jahren noch dem Untergang geweiht schien, erholte sich ebenfalls. Zahlreiche ausländische Bücher wurden übersetzt, darunter Enzyklopädien und historische Werke. Die russische Geschichte wurde zu einem wichtigen Thema, sowohl in seriös recherchierten Werken wie auch in eigenartigen Pamphleten – so verbreitete eins beispielsweise die Theorie, das antike Rom sei eine Erfindung westlicher Verschwörer, die Moskau als die einzige und wahre Wiege der Zivilisation diskreditieren wollten. Bücher aller Art verkauften sich gut. In der größten Moskauer Buchhandlung »Dom Knigi« (»Haus des Buches«) zum Beispiel, die schon zu Sowjetzeiten existierte, gab es ein Regal zum Thema »Juden«, in dem man neben Büchern über den Holocaust auch Publikationen finden konnte, die Hitler kritisierten, er sei in der Judenfrage zu nachgiebig gewesen.

Das geistige Klima wandelte sich dramatisch. In den frühen 1990er Jahren gierten die Russen nach allem, was aus dem Westen kam, vor allem amerikanischen Produkten. Die einst verbotene Frucht war nun überall erhältlich. Ein Jahrzehnt später hatte sich die Lage gewandelt. Der jahrhundertealte Streit zwischen den Nationalisten und den Westlern schlug immer noch hohe Wellen, aber nun verloren die liberalen Befürworter einer Hinwendung zum Westen nicht nur den Rückhalt in der breiten Bevölkerung, sondern auch unter den Intellektuellen. Nationalistische Ideen wurden mehr und mehr von offiziellen Kreisen gutgeheißen und füllten die Leere aus, die durch das Verschwinden der kommunistischen Ideologie entstanden war. Dennoch bemühten sich die Behörden, extreme Ausprägungen des Nationalismus zu dämpfen, um Konflikte zwischen den verschiedenen ethnischen Gruppen und eine daraus resultierende Destabilisierung des Landes zu verhindern. In diesem Zusammenhang kamen auch linke Ideen wieder auf, was sich jedoch noch nicht in der Gründung neuer politischer Organisationen oder Bewegungen niederschlug.

Obwohl die meisten Menschen ziemlich arm blieben, konnte man in den Straßen von Moskau oder Sankt Petersburg nun vielleicht sogar mehr elegant gekleidete

Menschen sehen als in allen anderen europäischen Metropolen. Die Autoverkäufe zogen derart an, dass internationale Hersteller sich entschlossen, Fabriken in Russland zu errichten, um die wachsende Nachfrage zu befriedigen, die nicht nur von den Reichen, sondern auch von einer deutlich sichtbaren neuen Mittelschicht ausging.

Der Petrodollar-Regen verwandelte die russische Wirtschaft und machte sie zum Global Player. Ich erinnere mich noch an das Jahr 2006, als einer meiner Freunde aus Afrika zurückkehrte. Er war nicht in jenem Teil des Kontinents gewesen, wo Touristen viel Geld ausgeben, um in Fünf-Sterne-Hotels mit tropischer Kulisse Zuflucht zu suchen, sondern in einer Gegend, wo die Menschen schon seit längerer Zeit keinen Weißen mehr gesehen hatten. Nicht etwa seine Sehnsucht nach Abenteuern hatte ihn dorthin verschlagen, sondern die Tatsache, dass russische Geschäftsleute sich entschieden hatten, im tiefsten Kongo nach Bodenschätzen zu suchen.

Abenteuer erlebten sie dort wirklich. Zwei der Russen wurden beinahe umgebracht, einer, weil er kein Französisch beherrschte, der andere, weil man ihn für einen ugandischen Spion hielt. In beiden Fällen gelang es ihnen, ihr Leben für den geringen Betrag von 20 Dollar zu retten.

Als sie eine Nacht in dem einzigen »anständigen« Hotel in einer Provinzstadt übernachteten, wurden sie von einer Ratte angegriffen. Daraufhin gingen sie zur Rezeption, um sich zu beschweren. »In welchem Zimmer sind Sie denn?«, wurden sie von dem älteren Schwarzen hinter dem Rezeptionstresen gefragt. »Nummer 216? Die Ratte lebt da schon seit drei Monaten.«

Sie konnten nichts weiter tun, als die Ratte zu füttern. Daraufhin beruhigte sich das Nagetier, lief ins Badezimmer und ließ sie fortan in Ruhe.

Der russische Reisende erzählte mir noch viel mehr, und während ich ihm zuhörte, wurde mir plötzlich klar, dass er einer Mission angehörte, die den russischen Kapitalismus verbreiten und russisches Kapital exportieren sollte. Derartige Missionen müssen nicht unbedingt dramatisch sein. Abenteuerliche Geschichten spielen sich eher bei kleinen und mittelgroßen Unternehmungen ab. Große Firmen müssen sich nicht mit derartigen Problemen herumschlagen. Und wenn doch, lassen sie andere die Drecksarbeit machen.

Im Jahr 2006 stand Gazprom, gemessen am vorhandenen Kapital, an dritter Stelle der internationalen Konzerne. Da die russischen Unternehmen einen Großteil der Energieressourcen des Landes unter Kontrolle hatten, schienen sie allesamt prädestiniert dafür, Spitzenpositionen in der globalen Wirtschaft einzunehmen. Das geschah jedoch nicht, weil alle Unternehmen im Zuge der Privatisierung dramatisch unterbewertet wurden.

Natürlich ist der Abfluss von Kapital nicht nur für durch und durch kapitalistische Länder wie die USA, die Staaten der EU oder Japan und Südkorea typisch. Brasilien, Südafrika, die Türkei und Indien gründeten ihrerseits transnationale Gesellschaften, und China folgte ihrem Beispiel. Die fröhlichen Zeiten, als neureiche Russen in Heathrow aus dem Flugzeug stiegen und schnurstracks zum nächsten Broker marschierten, um gestohlenes Geld in einem Offshore-Fonds anzulegen, sind vorbei. Inzwischen wird nicht mehr einfach Geld beiseite geschafft, sondern Kapital unter strategischen Gesichtspunkten investiert. Gazprom kauft systematisch Firmen in Ländern des ehemaligen Ostblocks auf und wendet sich außerdem nach Westen, um dort Transport- und Vertriebsstrukturen für die eigenen Produkte zu erwerben. Norilsk Nickel und Lukoil erwerben ausländische Unternehmen, die entweder Partner oder Rivalen werden könnten. Automobilhersteller, die gerade eine Fabrik erstanden haben, diskutieren darüber, ob sie die Maschinen nach Russland bringen oder an Ort und Stelle belassen sollen, um sie als Teil in ihre Produktionskette einzufügen.

Natürlich erwachsen aus diesem transnationalen Status neue Probleme für die russischen Unternehmen, die darin involviert sind. Neue Fragen bezüglich des Firmenimages tauchen auf, man muss auf die öffentliche Meinung Rücksicht nehmen, allerdings weniger zu Hause als im Ausland. Gelegentlich, wenn die Wirtschaftsführer eifrig damit beschäftigt sind, im Ausland ein gutes Bild abzugeben, laufen die Angelegenheiten in der Heimat mit einem Mal schlecht.

Der Reichtum aufgrund des russischen Öls bietet den Unternehmen eine Perspektive für die globale Expansion. Das Problem ist nur, dass in Russland selbst noch immer viele Straßen unpassierbar sind, Gebäude einstürzen und die Maschinen in vielen Fabriken vor allem großartige Ausstellungsstücke in einem Museum über die Technologie des 20. Jahrhunderts abgäben. Es sieht nicht so aus, als könnte sich die Situation ändern, da Investitionen in diesem Bereich unter modernen Gesichtspunkten nicht attraktiv sind. Jetzt, nachdem die russischen Unternehmen zu Global players wurden, nutzen sie oft all ihre Wettbewerbsvorteile, um sich auf dem Weltmarkt zu behaupten. Zum einen, weil sie keine Zeit und kein Interesse an ihrem eigenen Land haben, vor allem aber, weil es sich nicht lohnen würde, in die Entwicklung zu Hause zu investieren.

Die westlichen Länder agierten so erfolgreich innerhalb der kapitalistischen Welt, weil sie zu dem Zeitpunkt, als sie auf den globalen Markt traten, bereits führend waren in ihrem Bereich – in den meisten Bereichen –, angefangen bei der Technologie über die logistische Infrastruktur bis hin zur Ideologie. Für sie war Globalisierung immer gleichbedeutend mit Festigung und Ausbau der eigenen Vormachtstellung. Für Länder an der Peripherie kann sich diese scheinbare Erfolgsstrategie jedoch als Katastrophe erweisen. Ein amerikanischer Kapitalist kann behaupten: »Was gut für General Motors ist, ist auch gut für Amerika.« Natürlich sollte man die Arbeiter in den entsprechenden Fabriken fragen, was sie davon halten, bevor man dieses Statement für bare Münze nimmt. Das Ergebnis wird wahrscheinlich weniger eindeutig klingen. Aber wenn jemand behauptet: »Was gut für Gazprom ist, ist auch gut für Russland«, dann klingt das unter den gegebenen innenpolitischen Umständen nur zynisch.

Bürokraten gegen Oligarchen

Zu Beginn des neuen Jahrtausends wurde die neue ökonomische Stabilität von der Macht einer Bürokratie garantiert, die einerseits die Bevölkerung politisch kontrollierte und sich andererseits bemühte, die Oligarchen in der Wirtschaft zu disziplinieren. Die Exzesse der 1990er Jahre, als das verantwortungslose Handeln der Wirtschaftsführer deutlich zu sehen war, mussten gestoppt werden. Die Eliten sollten akzeptieren, dass der Staat für Sicherheit sorgte und im Gegenzug Verantwortungsbewusstsein verlangte. Diese Kombination war das Herzstück der neuen Stabilität, die von der russischen Regierung versprochen und verwirklicht wurde, nachdem Wladimir Putin das Präsidentenamt von dem alternden und kranken Jelzin übernommen hatte.

Die Bürokratie selbst wurde mehr und mehr in das Wirtschaftsleben einbezogen. Staatsbedienstete übernahmen Führungspositionen in Mischkonzernen, die man weder als privat noch als staatlich ansehen konnte, ähnlich den berüchtigten »Paraestatales« in Lateinamerika. (Diese Unternehmen, in der Regel Aktiengesellschaften, an denen der Staat zu einem gewissen Prozentsatz beteiligt war, genossen besondere Privilegien der Regierung, waren aber keiner institutionalisierten öffentlichen Kontrolle unterworfen. Seit den späten 1990er Jahren wurden russische »Staatsunternehmen« mit privaten Mehrheitseignern nach diesem Modell eingerichtet.) Aus Funktionären wurden Anteilseigner, die ihren politischen Einfluss dazu benutzten, um die speziellen Interessen dieser Unternehmen durchzusetzen. Insofern haben sich die Beziehungen zwischen dem Staat und den ehemaligen Oligarchen umgekehrt, aber nicht wesentlich verändert. Die Gruppe um Putin war eng mit Gazprom verflochten, weshalb der Konzern in vielen Fällen die Regierung im Kreml zu bestimmten Handlungen drängen konnte (zum Beispiel als die Preiserhöhungen für Benzin Russlands Position in den Staaten der ehemaligen Sowjetunion untergruben, nicht nur in der pro-westlichen Ukraine, sondern auch in der pro-russischen Republik Weißrussland).

Grundsätzlich waren diese Verhältnisse nützlich für alle Beteiligten. Die Bürokraten durften regieren und die Oligarchen konnten sich aufs Geldverdienen konzentrieren. Die Geschäftskultur wandelte sich von einer oligarchischen in eine kooperative. Dies stellte eine neue Stufe des russischen Kapitalismus dar, in der es nicht mehr darum ging, Beute zu machen, sondern die Produktion zu organisieren und daran zu verdienen. Doch waren nicht alle glücklich mit diesem Arrangement. Einige der prominentesten Oligarchen der 1990er Jahre wie Boris Beresowski, Wladimir Gussinski und Michail Chodorkowski waren gewohnt, nicht nur ökonomische, sondern auch politische Macht auszuüben, die Regierung zu kontrollieren, Minister und Provinzgouverneure zu ernennen oder abzusetzen und sich sogar als Königsmacher zu betätigen, indem sie versuchten, das Präsidentenamt selbst unter ihren Einfluss zu bringen. Diese Spielregeln hatten unter Jelzin ihre Gültigkeit, aber nicht mehr unter Putin. Nicht nur die Regeln, das ganze Spiel veränderte sich jetzt. Und während die weniger mächtigen Oligarchen ganz zufrieden damit waren, Vorstandsvorsitzende im westlichen Sinne zu werden, versuchten die Einflussreichsten unter ihnen weiterhin, direkte politische Macht zu erringen.

In den Jahren seit der Jahrtausendwende hat sich der Konflikt zwischen den verschiedenen Klans verstärkt. Auf der einen Seite stehen die sogenannten Petersburger »Tschekisten« (ehemalige Offiziere des sowjetischen Geheimdienstes, der als »Tscheka« berüchtigt wurde, lange bevor man ihn in KGB umbenannte), die im Kielwasser Putins an die Macht kamen, auch wenn nicht alle von ihnen aus dem Geheimdienstmilieu stammen. Auf der anderen Seite haben wir die alte Oligarchen-Clique – Beresowski, Gussinski, Chodorkowski und all jene, die sich unter Jelzin hochgearbeitet hatten und zum engeren Kreis gehörten, auch wenn nicht alle über persönliche Beziehungen zum Klan des früheren Präsidenten verfügten. Die Frontstellung dieser beiden Gruppen war nur zu offensichtlich. Schließlich gab es einiges, um das sich zu kämpfen lohnte: Es ging um Macht und Einfluss und die Kontrolle über die Wirtschaftsgüter des Landes.

Die erste Gruppe von »Oligarchen«, die mit Putins Administration aneinandergeriet, war dieselbe, die 1999 eine zentrale Rolle dabei gespielt hatte, ihn zum Präsidenten zu küren. Wegen dieser Rolle glaubte sie, ein Anrecht darauf zu haben, die Regierung zu kontrollieren.

In dieser Hinsicht hatten sie sich verrechnet. Zwischen 2001 und 2003 verloren die ehemaligen mächtigen Oligarchen der Jelzin-Ära einer nach dem anderen an Einfluss. Boris Beresowski und Wladimir Gussinski mussten das Land verlassen, nachdem sie den größten Teil ihres heimischen Vermögens verloren hatten. Roman Abramowitsch, der drittmächtigste Mann in dieser Gruppe, einigte sich mit dem Kreml und durfte fortan seinen Posten als Gouverneur von Tschukotka im fernen Osten des Landes behalten und sogar die Überreste von Beresowskis Imperium übernehmen. Anteile der Ölfirma Sibneft, die einmal Beresowski gehörten, landeten auf verschlungenen Wegen bei ihm. Als die Regierung Druck auf ihn auszuüben begann, schlug Abramowitsch nicht zurück. Er suchte sich einfach eine sicherere Investition und übernahm den Fußballklub FC Chelsea in England.

Die dramatischste Auseinandersetzung aber gab es um Michail Chodorkowskis Jukos-Gruppe. Nach dem Untergang des Jelzin-Klans versuchte Chodorkowski ganz offensichtlich, den Platz einzunehmen, der durch Beresowskis Verschwinden vakant geworden war. Jukos war nicht nur eine der größten russischen Ölfirmen (neben Lukoil, Sibneft und TNK), sondern auch ein bedeutender Faktor im politischen und kulturellen Leben. Jukos war eines von rund einem Dutzend Unternehmen, die den Großteil der nationalen Wirtschaft kontrollierten.

Dieselben Firmen und Personen kontrollieren auch die meisten wichtigen Medien – und was sie nicht kontrollieren, ist in der Hand des Staates. Außerdem finanzieren sie kulturelle Veranstaltungen, Sportvereine sowie wissenschaftliche Organisationen und Bildungsprojekte. Genau das hat man im antiken Griechenland unter »Oligarchie« verstanden: Die Regierung einiger weniger.

Von allen Oligarchen war Chodorkowski der prominenteste und zweifellos der intelligenteste, weshalb ein Angriff auf ihn hohen Symbolcharakter hatte. Beide, die Tschekisten und die Jelzin-Oligarchen, wissen, dass die Hauptgefahr für sie selbst von der jeweils anderen Partei ausgeht – und sie haben dementsprechende Vorkehrungen getroffen.

Im Juli 2003 kam es mit der Verhaftung von Platon Lebedew zum Ausbruch neuer Feindseligkeiten zwischen Teilen der Oligarchie und dem Kreml. Lebedew war einer der führenden Köpfe der einflussreichen Menatep-Gruppe und ein bedeutender Anteilseigner bei Jukos. Er wurde verhaftet, gleichzeitig bekamen der Vorstandsvorsitzende von Jukos, Michail Chodorkowski, und seine rechte Hand, Leonid Nevzlin, eine Vorladung in das Büro des Untersuchungsrichters. Wenig später kommentierte Chodorkowski die Vorfälle folgendermaßen: »Dies bezieht sich nicht auf das Management des Unternehmens oder auf seine wirtschaftlichen Aktivitäten. Dies betrifft individuelle Anteilseigner.« Damit traf er den Nagel auf den Kopf. Im Grunde des russischen politischen Systems geht es immer um die Interessen »individueller Personen« – und wie die Namen der entsprechenden Individuen lauten, ist in den meisten Fällen kein großes Geheimnis.

Kreml-freundliche Gerichtsexperten erklärten der Öffentlichkeit, Putin hätte sich nun endlich entschlossen, gegen die Oligarchen vorzugehen. Der größte Teil der Bevölkerung, die während der 1990er Jahre verarmt war, begrüßte diese Maßnahmen. In den Oligarchen sahen sie diejenigen, die für ihre Not verantwortlich waren oder zumindest davon profitierten.

Bald schon musste Nevzlin nach Israel fliehen, und Chodorkowski wurde verhaftet. Seitdem wird er von seinen Unterstützern als politischer Gefangener bezeichnet. Seine Feinde wiederum nennen ihn einen Kriminellen und Dieb. Ich kann beiden Seiten zustimmen. Ich denke, man kann sagen, dass er aus politischen Gründen inhaftiert wurde, ihn jedoch nicht als politischen Gefangenen bezeichnen. Politische Gefangene sind Personen, die von einem Regime aufgrund ihrer Prinzipien und Ideen inhaftiert werden, die denen der Obrigkeit entgegenstehen. Das trifft auf Chodorkowski nicht zu. Er kam ins Gefängnis, gerade weil er dieselben Prinzipien vertrat, auf denen auch die herrschende Ordnung basiert.

Das erste dieser Prinzipien ist das Credo, Macht und Geld nicht zu teilen. Die Clique, die an der Regierung ist, soll sich aus Vertretern der wohlhabenden Elite zusammensetzen, die die leichtgläubige Masse über die Medien und mit Hilfe korrupter Parlamentarier kontrolliert. Diese Definition von Politik wird von beiden Seiten im Kampf um die Macht in Russland vertreten. Beide, sowohl die Regierung als auch ihre Widersacher, haben alles getan, um die Ergebnisse der Privatisierung zu zementieren. Beide zielen darauf ab, die Macht in ihren Händen zu konzentrieren, indem sie die Opponenten beiseite drücken und sich dabei nicht von moralischen Skrupeln irritieren lassen.

Eben weil die Direktoren von Jukos sich nicht im Geringsten von den Herrschenden im Kreml unterschieden, wurden sie von diesen als wirklich gefährlich angesehen. Deshalb entschlossen sie sich zu durchgreifenden Maßnahmen. Chodorkowski ist ein politischer Gefangener nur im mittelalterlichen Sinne, als Adelige und Lords in der Bastille oder im Londoner Tower eingekerkert wurden, nachdem ihre Verschwörungen gescheitert waren.

Die Frage ist nicht, ob Chodorkowskis Verurteilung von einem juristischen Blickwinkel aus korrekt war, sondern das Problem war, dass die Behörden einen Konflikt, der nicht nach demokratischen Spielregeln ablief, mithilfe gültiger Gesetze zu lösen versuchten. Wenn ein

Kampf ohne Regeln abläuft, macht es keinen Sinn, im Nachhinein ein rechtsstaatliches Verfahren zu fordern. Hier geht es nicht um eine Auseinandersetzung über Prinzipien und Ideen, sondern um einen Machtkampf in seiner zynischsten und durchschaubarsten Form. Es ist unmöglich, in einer Situation, in der es keine richtige Seite gibt, eine gerechte Entscheidung zu treffen. Der Grad der Legalität auf Seiten des Gewinners oder des Verlierers spielt für uns, die Leibeigenen des russischen Staates, keine Rolle.

Die Scharmützel mit den Oligarchen bedeuten nicht, dass der Untergang der Oligarchie bevorsteht. Der Kreml hat keine strukturellen Reformen in die Wege geleitet, mit denen die wirtschaftliche Macht der Oligarchie eingeschränkt würde, nicht mal aus populistischen Gründen. Eine Verstaatlichung stand nicht auf der Tagesordnung. Einige Vermögenswerte von Jukos wurden schließlich vom Staat konfisziert, aber gleichzeitig wurde die Privatisierung im öffentlichen Sektor fortgesetzt und alle großen Staatsunternehmen wurden in Aktiengesellschaften umgewandelt, die ihre Anteile auf dem Markt an private Investoren aus dem In- und Ausland verkauften.

Die Petersburger Tschekisten waren, als sie gegen den Jelzin-Klan vorgingen, nicht im Entferntesten daran interessiert, das System zu ändern. Im Gegenteil, ihr Bestreben war es, die mächtigsten Spieler darin zu werden.

Sie wollten die politische Macht dazu benutzen, um die »Kommandohöhen« der Wirtschaft unter ihre Kontrolle zu bringen. In den frühen 1990er Jahren nannte man das »Umwandlung von Macht in Eigentum«. Die Petersburger Tschekisten, die beim ersten Versuch noch leer ausgegangen waren, träumten nun davon, die zerstückelte Wirtschaftsmacht zu beherrschen. Und das ist ihnen in vielerlei Hinsicht auch gelungen.

Gelenkte Demokratie

Die aktuelle politische Situation in Russland befindet sich in einem labilen Gleichgewicht. Putins Administration hatte während seiner gesamten Amtszeit alles unter Kontrolle. Der Krieg in Tschetschenien, der Mitte der 1990er Jahre zu einem Desaster für die Jelzin-Regierung wurde, konnte unter Putin erfolgreich zu Ende gebracht werden. Nicht, dass es dem russischen Militär gelungen wäre, die Guerilla-Aktivitäten der Separatisten niederzuschlagen – vielmehr gelang es den Moskauer Politikern, die Kommandanten der Separatisten einzukaufen, die schließlich die Regierung in Tschetschenien übernahmen und im Gegenzug die russische Souveränität anerkannten. Provinzgouverneure, die sich in den 1990er Jahren noch wie Feudalherren aufführten, wurden ebenfalls mehr oder weniger zur Räson gebracht, natürlich zum Preis eingeschränkter demokratischer Rechte – sie werden nun nicht mehr gewählt, sondern vom Präsidenten ernannt. Obwohl diese Ernennung von den lokalen Parlamenten bestätigt werden muss, hat es bislang noch niemand gewagt, mit »nein« zu stimmen.

Putins nächster Erfolg war die effektive Entfernung der politischen Parteien aus dem öffentlichen Leben, ohne dass er gezwungen war, eine von ihnen zu verbieten. Nach 1993 war die Macht der Staatsduma so gering, dass die Parteien, deren Rolle sich sowieso darauf beschränkte, Kandidaten für die Wahlen zu dieser Kammer und zu weniger mächtigen lokalen Parlamenten zu stellen, in der Gesellschaft immer mehr an Einfluss verloren, falls sie überhaupt jemals Einfluss hatten. Die größte Oppositionspartei, die Kommunistische Partei der Russischen Föderation (KPRF), steuert auf ihre völlige Bedeutungslosigkeit zu (36 Prozent bei den Wahlen 1996, 24 Prozent 1999, 13 Prozent 2004 und 11,6 Prozent 2007). Die entstandene Leere kann nicht gefüllt werden: Neue Gesetze machen es praktisch unmöglich, eine politische Partei ohne die klare Zustimmung und Unterstützung der Regierung zu etablieren.

Politische Freiheiten werden zunehmend beschränkt – nicht so sehr, wie es in den liberalen Medien beklagt wird, aber dennoch substanziell. Das Fernsehen steht völlig unter der Kontrolle der Regierung und die wichtigsten Zeitungen wurden von der Staatsbürokratie übernommen (üblicherweise durch »Parastaatliche Organe«). Das Wahlrecht wurde geändert, um zu verhindern, dass Minderheiten Einfluss nehmen können, Wahlfälschungen kommen praktisch täglich vor. Die von der Regierung unterstützte Partei »Einiges Russland« baut ihre Präsenz in allen Bereichen des öffentlichen Lebens aus (sogar indem sie Schulbücher »sponsert»). Manchmal wird sie mit der alten Kommunistischen Partei der Sowjetunion verglichen, aber ein Vergleich mit der mexikanischen Partido Revolucionario Institucional (PRI, Partei der institutionalisierten Revolution) der 1970er und 1980er Jahre wäre angebrachter. »Einiges Russland« ist eine paternalistische Organisation, die verschiedene, mitunter widerstreitende Elemente vereint (von liberalen Befürwortern der Marktwirtschaft bis hin zu autoritären Bürokraten).

»Einiges Russland« agiert gleichzeitig als Spieler und Schiedsrichter, indem es die Regeln vorgibt und nach Belieben verändert. Liberale Politiker haben aufgeschrien angesichts dieser schamlosen Verletzung demokratischer Prinzipien, aber den meisten Menschen ist das gleichgültig – und das zu Recht. Denn was für einen Unterschied macht es schon, ob die politischen Regeln fair oder unfair sind, wenn das ganze Spiel mit unserem Leben überhaupt nichts zu tun hat und das Spektakel insgesamt einfach nur widerwärtig ist? Letztlich ist das Volk der Preis, um den die Kandidaten spielen. Die Gewinner der Wahlen dürfen uns herumkommandieren, ausrauben und betrügen.

Die Leute sind nicht der Demokratie gegenüber gleichgültig, sondern einem System, das sie nicht im Geringsten beeinflussen können. So gesehen ist es absolut verständlich, dass so wenige Russen ein Interesse daran haben, den Wahlkampagnen im Fernsehen zu folgen. Sie wissen instinktiv, dass diese Politiker überhaupt nicht fähig sind, die Wahrheit zu sagen.

Der wichtigste Aspekt des neuen Wahlgesetzes war vielleicht, die Option vom Wahlzettel zu streichen, »gegen alle« zu stimmen. Das war sowieso eine Farce gewesen. Das Konzept, »gegen alle« stimmen zu können, war entwickelt worden, um den Eindruck zu erzeugen, die Wähler könnten in der Wahlkabine auf legitime Art ihren Protest ausdrücken. Wir sollten den Abgeordneten des »Einigen Russland« und der Zentralen Wahlkommission dafür danken, dass sie diese Möglichkeit vom Stimmzettel gestrichen haben. Jetzt können wir zu Hause bleiben und die Wahlen in Ruhe ignorieren.

Des Weiteren taten die Politiker genau das Richtige, als sie die Regel einer Mindestwahlbeteiligung außer Kraft setzten. Die staatlichen Stellen haben eingesehen, dass man von einem normalen Sterblichen in Russland nicht verlangen kann, zur Wahl zu gehen. Indem sie die Hürde der minimalen Wahlbeteiligung aus dem Weg räumten, haben unsere Führer in ihrer Barmherzigkeit deutlich gemacht, dass sie nichts mehr vom Volk erwarten.

Die Abschaffung der Mindestwahlbeteiligung hatte zur Folge, dass die Duma-Wahlen 2007 streng genommen ehrlicher waren als die vorherigen. Vorher musste auf lokaler Ebene dafür gesorgt werden, dass ein bestimmter Prozentsatz von Stimmen abgegeben wurde. Erreichte man diese Schwelle nicht, musste die Wahl für ungültig erklärt und die ganze Prozedur wiederholt werden. Dank der neuen Regeln ist das Leben der Amtsträger und der Bürger gemäß Stalins Parole »leichter und fröhlicher« geworden. Im Verhältniswahlsystem beeinträchtigt ein geringes Stimmaufkommen das Endergebnis nicht.

Ehrlicher wäre es natürlich, man würde generell auf Wahlen verzichten und die Politiker untereinander ausfechten lassen, wer einen Sitz in der Duma bekommt. Noch besser wäre es, sie würden Lose ziehen oder es den Abgeordneten ermöglichen, ihre Sitze beim Pokern oder Würfelspiel zu gewinnen. Jede dieser Methoden wäre gerechter und demokratischer als die jetzige. Darüber hinaus hätten derartige Wettbewerbe einen höheren Unterhaltungswert. Zumindest könnten wir uns darauf beschränken, nur Zuschauer und nicht Teilnehmer dieses Spektakels zu sein. Von einem Zuschauer beim Pferderennen wird schließlich auch nicht verlangt, dass er den Pferden hinterherläuft.

Damit die Parlamentswahlen mehr oder weniger pluralistisch aussehen, hat der Kreml seine eigene Version eines Zwei-Parteien-Systems eingeführt. Das Volk hat nun die Wahl zwischen der Partei »Einiges Russland« und der Gruppierung von Sergej Moronow, dem Vorsitzenden des Föderationsrats, die sich den Namen »Gerechtes Russland« gegeben hat. Deren Politik und Ideen unterscheiden sich nicht wesentlich von denen der Partei »Einiges Russland«, aber das heißt nicht, dass es keinen echten Wettbewerb zwischen den beiden Gruppen gäbe. Politische und soziale Erwägungen haben nur wenig Einfluss auf den Erfolg der Parteien in Russland. Der echte Kampf findet innerhalb des bürokratischen Apparats statt, und hier hat sich durch das Aufkommen einer zweiten Partei einiges verändert.

In einer Bürokratie gibt es oftmals einen gewissen Pluralismus – derartige Apparate sind anfällig für Missgunst und Rivalitäten. Wenn der Eindruck von Einheit innerhalb einer solchen Hierarchie entsteht, bedeutet dies nur, dass die Machtkämpfe hinter geschlossenen Türen stattfinden. Befehle von oben müssen ausgeführt werden, und offener Widerstand wird als Verletzung der dem Staatsdienst zugrunde liegenden Prinzipien aufgefasst.

Bürokraten können heimlich Befehle sabotieren, besonders dann, wenn alle wissen, dass es ein dummer Befehl war. Der Eindruck der Einheit allerdings muss nach außen hin aufrechterhalten werden, mit dem Besuch einer gut ausgebildeten Paradetruppe auf dem Exerzierplatz.

Differenzen sind aber nun mal ein Teil der politischen Auseinandersetzung, auch dann, wenn es nur minimale oder gar keine Unterschiede zwischen den Konkurrenten gibt. Zwei Kandidaten, die aus demselben Büro kommen, müssen die Wähler davon überzeugen, dass da mehr ist, was sie unterscheidet, als nur ein Name.

Unglücklicherweise sind die öffentlichen und die bürokratischen Sphären derart miteinander verflochten, dass sie praktisch die Plätze getauscht haben. Die Politiker, egal welcher Partei, verstehen sich eindeutig als Staatsdiener, die aus irgendwelchen formalen Gründen gewählt werden müssen. Die Bürokraten wiederum wissen sehr genau, dass sie selbst die wichtigen politischen Entscheidungen treffen.

Jeder Streit zwischen einem Abteilungsleiter und seinem Stellvertreter ist bedeutsamer als eine Debatte zwischen den Fraktionsführern der Parteien in der Duma, von den Regionalparlamenten gar nicht zu reden. Diese

Rangeleien aber können ab einem bestimmten Punkt politische Formen annehmen und am Wahltag plötzlich zu einer lähmenden Pattsituation führen.

Gefahren für die Stabilität

Natürlich haben die besiegten Oligarchen des Jelzin-Klans und des Jukos-Klans nicht untätig dem Triumph der gelenkten Demokratie von Putins Gnaden zugeschaut. Sie haben ihre Revanche organisiert und die »Farbrevolutionen« in Georgien, der Ukraine und der Kirgisischen Republik als Modell genommen.

Die Jukos-Gruppe, die zum Hauptsponsor der liberalen Opposition wurde, arbeitet auch weiterhin mit verschiedenen politischen Strömungen zusammen und versucht, als eine Art strategisches Zentrum für diese Projekte zu funktionieren. Da es den Liberalen (der »Vereinigung der rechten Kräfte«, der Jabloko-Partei und anderen) an öffentlicher Unterstützung fehlt, wurde das Konzept einer »Vereinigten Opposition« propagiert. Dieses Konzept sieht vor, dass die Liberalen mit der KPRF kooperieren. Die KPRF ist sehr eng mit verschiedenen nationalistischen Gruppen verflochten, unter denen sich auch ein neofaschistisches Auffangbecken, die »Bewegung gegen illegale Immigration« befindet. Der Name sagt schon alles, sollte aber nicht für Verwirrung sorgen: Diese Gruppe wendet sich nicht nur gegen illegale Einwanderer, sondern gegen alle ethnischen Minderheiten sowie gegen Homosexuelle. Ein anderer Partner der KPRF ist die Nationalbolschewistische Partei von Eduard Limonow, einem talentierten faschistischen Schriftsteller und Dichter, der in liberalen Hochglanzpostillen Kultstatus genießt. Eine weitere nationalistische Kraft, die gelegentlich mit der KPRF konkurrierte, war die »Rodina« (Vaterland), die ihre eigene Vorstellung von einer Orangenen Revolution entwickelte, die auf »russischen Werten« gegründet sein sollte. Im Dezember 2005 wurde der »Rodina« wegen rassistischer Propaganda die Teilnahme an den Wahlen untersagt, und später wurde sie von den Behörden völlig aus dem politischen Leben verbannt, wodurch der faschistischen Bewegung die parlamentarische Plattform genommen war – ein Umstand, der von den liberalen Medien schwer beklagt wurde.

Die Vereinigte Opposition teilt sich in zwei Flügel. Der erste ist mehr oder weniger seriös und bietet ein politisches Programm an, der zweite spielt die Rolle des Provokateurs, der die Verhältnisse destabilisieren will. Die KPRF übt als führende Kraft eine strategische Mittlerrolle aus und ist mit beiden Flügeln verbunden.

Zuletzt muss noch darauf hingewiesen werden, dass der Kampf nicht nur zwischen der Regierung und der

Opposition stattfindet, sondern auch innerhalb der Regierung. Verschiedene Gruppen in der Administration unterhalten Kontakte mit verschiedenen Strömungen der Opposition, versuchen sie zu manipulieren und für ihre eigenen Zwecke einzuspannen. Diejenigen, die schlecht wegkommen in den internen Kämpfen der Bürokratie, können möglicherweise an bestimmten Destabilisierungsszenarien mitarbeiten.

Das Problem mit all diesen politischen Kombinationen ist das gänzliche Fehlen von Unterstützung durch die Bevölkerung. Eine zufällige Koalition von Liberalen, kommunistischen Hardlinern und Faschisten ist nicht besonders attraktiv, vor allem wenn diese Oppositionskräfte es versäumt haben, ein soziales oder ökonomisches Programm auszuarbeiten und lediglich die Absetzung des »kriminellen Regimes« fordern.

Das bedeutet jedoch nicht, dass es keine Opposition von unten gäbe. Diese kommt von halbspontanen sozialen Bewegungen und freien Gewerkschaften.

Die Gewerkschaften werden sehr streng reglementiert und die größte Organisation, die Föderation Unabhängiger Gewerkschaften Russlands (FNPR), steht unter der Kontrolle der Regierung. Die meisten Streiks seit 2001 sind illegal gewesen. Dennoch sind unabhängige Gewerkschaften auf dem Vormarsch.

Da Russland noch kein Mitglied der Welthandelsorganisation (WTO) ist, stehen einige Sektoren der Wirtschaft weiterhin unter staatlichem Schutz, vor allem die Auto-Industrie. Dies hat zu einem erstaunlichen Anstieg ausländischer Investitionen geführt: Internationale Konzerne lassen Autos in Russland zusammenbauen, um hohe Löhne zu umgehen und sich auf dem globalen Markt zu behaupten. Das Gleiche gilt für die Produktion von Kühlschränken, Mikrowellenherden und anderen Haushaltsgeräten. Das Anwachsen des produzierenden Sektors wurde begleitet von einer Rückkehr der kämpferischen Gewerkschaften – von 2005 bis 2006 stieg die Zahl der Streiks deutlich an. Diese neue Militanz schlägt sich nieder im Anwachsen der zweitgrößten Gewerkschaftsorganisation, der Allrussischen Konföderation der Arbeit (VKT), die sich als Opposition zur staatsnahen Föderation Unabhängiger Gewerkschaften sieht. Die 2005 neu gewählte Führung der VKT hat ihre linke politische Orientierung sehr deutlich gemacht und sich für eine Strategie der »aggressiven Organisation« ausgesprochen, um die Arbeiterschaft in Fabriken ohne Gewerkschaften zu mobilisieren, was häufig zu heftigen Konfrontationen mit den jeweiligen Chefs führte.

Der Lebensstandard ist gestiegen und hat im Durchschnitt den Stand von 1970 erreicht, allerdings mit wesentlich größeren sozialen und regionalen Unterschieden. Dennoch sind viele Russen, sogar nach Jahren des Wirtschaftswachstums, viel ärmer als in der Spätphase der Sowjetunion. Die soziale Ungleichheit wird keineswegs abgeschwächt, im Gegenteil, es gibt Statistiken, die deutlich machen, dass sie immer noch anwächst. Die positiv wirkenden Durchschnittszahlen basieren auf dem Anwachsen des Konsums der wohlhabenden Mittelschicht in den großen Städten. Dieser Mittelschicht (zu der auch Arbeiter in der Öl- und Gasindustrie und Beschäftigte der großen internationalen Unternehmen zählen) kommen die Früchte des Wachstums zugute, von denen jene Arbeiter, die diesen Wohlstand produzieren, kaum etwas haben.

Der Erfolg des Kapitalismus hat die sozialen Auseinandersetzungen nicht beendet, sondern sie eher verwandelt. Natürlich war die Periode nach der Rubelkrise von 1998 relativ ruhig. Nach den Katastrophen der 1990er Jahre waren die Menschen emotional ausgelaugt. Dann stellte sich eine Besserung ein, aber das verstärkte nur die generelle politische Apathie. Wenn man eine Regierung hat, die halbwegs kompetent erscheint und für die Verteilung der Produkte sorgt, warum soll man sich da noch mit Politik herumschlagen?

Diese gleichgültige Haltung gegenüber der allgemeinen Situation konnte nur so lange weiterexistieren, wie die herrschende Elite sich von der neoliberalen Politik der 1990er Jahre abzukehren schien. Aber im Januar

2005 kündigte die russische Regierung eine ganze Reihe von Maßnahmen an, die das soziale Sicherungssystem einschränken sollten. Die Idee war einfach: Die sozialen Netze stehen im Widerspruch zur Logik der Märkte und behindern die Kommerzialisierung und Privatisierung der Sozialsysteme. Sie waren notwendig gewesen, als massive Verarmung die Existenz großer Gruppen der Bevölkerung gefährdete. Nun aber war die Wirtschaft in einem besseren Zustand und derartige Auffangnetze schienen nicht mehr nötig. Die Leute sollten sich selbst um ihre Absicherung kümmern.

Um die Übergangszeit verträglich zu gestalten, bot die Regierung eine Kompensation für entgangene Leistungen in Form von Geld an (»Monetisierungen« in der Bürokratensprache). Diese Kompensation war nicht ausreichend und konnte nur mit viel demütigendem Papierkram beantragt werden, der Freude jeder Bürokratie. Auf den Straßen regte sich Widerstand. Auf einmal gab es Massenproteste im ganzen Land. Demonstrationen mitten im russischen Winter sind keine Kleinigkeit, und es ist durchaus möglich, dass die Regierung absichtlich den Januar ausgesucht hat, um ihre unpopulären Maßnahmen zu verkünden. Doch die beißende Kälte konnte den Unmut der Bevölkerung nicht einfrieren. Tausende aufgebrachter Menschen (viele von ihnen Rentnerinnen und Rentner) blockierten die Straßen, belagerten die Ämter und lieferten sich Auseinandersetzungen mit der Polizei. Und die Beamten hielten sich damit zurück, diese Mengen aufzulösen, weil auch sie zu den Verlierern gehörten.

Ungefähr zweieinhalb Millionen Personen nahmen an den Protesten teil, und obwohl die Regierung ihre Politik im Laufe des Jahres 2005 modifizierte, hat sich an der grundlegenden Tendenz nichts geändert. 2006 wurden zwei weitere Reformen auf den Weg gebracht: Die Kommerzialisierung des Wohnungswesens und der Instandhaltungsarbeiten und die Preiserhöhungen für Gas, Strom, Wasser, Telefon usw. Die Kommerzialisierung des Wohnungswesens wirkte sich am härtesten aus, ließ die Kosten steigen und führte dazu, dass Mietern, die nicht zahlen konnten, gekündigt wurde. Die Anzahl der aus ihren Wohnungen und Häusern Vertriebenen ist noch nicht hoch, aber sie steigt an und wird zu einem Unruhefaktor in der Gesellschaft. Und die Kündigungen, die dank der neuen Gesetze möglich wurden, betreffen nicht nur jene, die ihre Miete nicht zahlen können: Im Juni 2007 kam es zu einer regelrechten Schlacht zwischen Polizeitrupps und einigen Bewohnern der Moskauer Vorstadt Butovo, als deren Häuser abgerissen werden sollten.

Die Reformen im Bildungsbereich folgen denselben marktwirtschaftlichen Prinzipien. Das Arbeitsrecht wird verschlechtert. Die Umweltpolitik ist katastrophal, unter anderem gibt es ein marktwirtschaftliches Wasser-Gesetz und ein ultraliberales Wald-Gesetz. Letzteres wurde nach einigen Verzögerungen 2008 verabschiedet und führte augenblicklich zur Erosion der staatlichen Kontrolle in diesem Bereich. Die Konsequenzen ließen nicht lange auf sich warten: Zwei Jahre später wurde das europäische Russland von einer Feuerkatastrophe heimgesucht, die zahlreiche Opfer forderte und viel Eigentum zerstörte. Im Großraum Moskau kam es in diesem Sommer zu 52000 zusätzlichen Todesfällen.

Da überrascht es nicht, dass diese Regierungspolitik einen soliden Grundstein für Massenproteste gelegt hat, die sich tagtäglich in Streiks, Demonstrationen und Aufständen äußern. Aber im Gegensatz zu der spektakulären Bewegung im Januar 2005 bleiben diese Proteste normalerweise lokal begrenzt und von den Massenmedien wird darüber nicht berichtet, vor allem nicht im Ausland. Einige Vorfälle erregten landesweit Aufmerksamkeit, zum Beispiel der Eisenbahn-Streik in Moskau im Jahr 2008, als der Verkehr zwischen den Provinzen und der Hauptstadt zum Erliegen kam. Viele andere wurden nicht beachtet.

Der November 2007 wird in Erinnerung bleiben, aber nicht wegen der Wahlkampagnen oder der politischen Intrigen im Kreml, sondern wegen des Ausbruchs von Arbeiterprotesten. Besonders bekannt wurde der Streik in der Ford-Fabrik in Wsewoloschsk in der Nähe von Sankt Petersburg, der erste unbefristete Streik in Russland seit dem Amtsantritt von Präsident Putin im Jahr 2000. In gewisser Weise finden sich hier alle Kennzeichen der ganzen Epoche wieder.

Dieser längste und heftigste Ausstand in postsowjetischen Zeiten begann am 20. November und ging über drei Wochen bis zum 14. Dezember. Nach Angaben von Gewerkschaftsaktivisten wurde die gesamte Produktion gestoppt. Dann brachte das Management, mittels Bestechung oder Zwang, eine Schicht von Büroangestellten und gegen Ende des Streiks eine zweite Schicht dazu, die Produktion aufrechtzuerhalten. Die Abteilung Qualitätskontrolle führte ihren Streik jedoch fort, was bedeutete, dass die Autos, die Anfang Dezember produziert wurden, möglicherweise nicht alle Qualitätsstandards erfüllen.

Während des Streiks liefen nur wenige Autos vom Band, und die Firma geht davon aus, dass sie noch eine ganze Weile unter den Verlusten leiden wird. Die streikenden Arbeiter wiederum sind nach dem langen aufreibenden Kampf gegen das Management moralisch und physisch völlig erschöpft. Der Fonds der Gewerkschaft war für einen so lang anhaltenden Streik nicht gut genug gefüllt gewesen, OMON-Spezialeinheiten der Polizei sind gegen die Streikposten vorgegangen und den Organisatoren wurden rechtliche Schritte angedroht.

Am Schluss votierten die streikenden Ford-Arbeiter in einer geheimen Abstimmung für ein Ende des Ausstands, und die Leitung des Unternehmens versprach eine Erhöhung der Löhne. Beide Seiten unterschrieben eine Vereinbarung, mit der die Möglichkeit rechtlicher Schritte gegen die Streikenden ausgeschlossen wurde. Weiterhin wurde verabredet, alle strittigen Fragen bis zum 1. Februar 2008 zu klären. Der Gewerkschaftsführer Alexei Etmatow teilte mit, dass die Leitung von Ford sich bereit erklärt habe, einen Inflationsausgleich zu zahlen, Extraarbeit gesondert zu entlohnen sowie Boni für besonders lange Betriebszugehörigkeit zu vergeben. Etmatow sieht dies als einen Sieg an und meint dazu: »Dieser Streik war der langwierigste der letzten zehn Jahre. Ich denke, die Unternehmensführung sollte dem Verhandlungsergebnis zustimmen. Sie werden wohl kaum einen neuen Streik im Frühjahr haben wollen.«

Die Gewerkschaft erreichte dennoch weniger, als sie erwartet hatte. Zusätzlich zu den erkämpften Zielen hatten die Arbeiter eine dreißigprozentige Lohnerhöhung, höhere Renten und Änderungen im Schichtbetrieb und der Anzahl der täglichen Arbeitsstunden gefordert.

So wie es aussieht, endete der Konflikt mit einer Pattsituation. Dem Management ist es nicht gelungen, die

Gewerkschaft zu zerschlagen, aber die streikenden Arbeiter haben auch nur vergleichsweise geringe Verbesserungen erreicht, wenn man bedenkt, wie heftig und anstrengend ihr Widerstand gewesen war.

Der Konflikt in der Ford-Fabrik hat weit über die Organisation hinaus und auch jenseits der russischen Autoindustrie eine besondere Bedeutung. Es war der erste nicht befristete Streik seit Einführung des neuen Arbeitsgesetzes einige Jahre zuvor. Es war ebenfalls der erste Streik, der nicht von der Staatsgewalt niedergeschlagen wurde und in dem die Beteiligten die Zusicherung bekamen, dass es keine juristischen Folgen für sie geben würde. Der Streik zeigte einmal mehr, dass das russische Recht gegen die Gewerkschaften gerichtet ist, aber auch, dass starke Arbeiterorganisationen Wege finden können, viele der Beschränkungen zu umgehen.

Darüber hinaus mussten nach diesem Konflikt viele Menschen zugeben, dass die Fabrikarbeiter in Russland skandalös schlecht bezahlt werden – nicht nur im Vergleich mit Westeuropa, sondern auch im Vergleich mit ähnlichen Produktionsstätten in lateinamerikanischen Ländern.

Letzten Endes betreffen die Gründe für diesen Streik nicht nur die Arbeiter und das Management bei Ford, sondern die gesamte Gesellschaft. Auch wenn bei Ford wieder gearbeitet wird und die Lage sich normalisiert hat, müssen wir alle Lehren aus diesem Streik ziehen und uns klarmachen, dass es ernste Probleme in der Arbeitswelt in diesem Land gibt. Ein Anfang ist gemacht, der erste Stein ist ins Wasser geworfen und die Wellen werden sich weit verbreiten.

Unser Arbeitsrecht ist absurd. Es erlaubt Streiks ausdrücklich, macht sie aber in der Realität praktisch illegal. Dennoch finden die Gewerkschaften oft Mittel und Wege, gesetzliche Beschränkungen zu umgehen. Zum Beispiel können sie die Arbeit für einen Tag niederlegen und, nachdem der Ausstand per Gerichtsbeschluss verboten wurde, sich dem Gesetz beugen und den Streik absagen. Einige Zeit später wird das Muster wiederholt – ein Tag wird gestreikt, am nächsten Tag wird der Streik beendet.

Bei Ford jedoch weigerten sich die Arbeiter, dieses Katz-und-Maus-Spiel mitzumachen und erhöhten den Einsatz, indem sie einen unbefristeten Streik ausriefen, obwohl die Gewerkschaftsbasis und ihre Führer sehr genau wussten, dass sie mit ernsten Repressalien zu rechnen hatten. Die Einwohner von Petersburg wissen auch noch sehr genau, was mit den Anführern der städtischen Postgewerkschaft passiert war. Kurze Zeit nach dem Beginn des Streiks wurde der Organisator Maxim Roschtschin entlassen. Der stellvertretende Gewerkschaftsvorsitzende Dmitrij Patsuk wurde wenig später gefeuert.

Patsuk ging gegen die widerrechtliche Entlassung gerichtlich vor und verhandelte weiter mit der Betriebsleitung, jetzt allerdings als Repräsentant der VKT, zu der die Petersburger Postgewerkschaft gehört. Dies ist nicht der einzige Fall, in dem Strafmaßnahmen gegen für ihre Rechte kämpfende Arbeiter eingeleitet wurden. Valeri Sokolow, der Führer der Gewerkschaft in der Heineken-Brauerei in Sankt Petersburg, wurde entlassen, nachdem es im April zu einem Bummelstreik gekommen war. Zuvor war Sergej Dolgi, dem Vorsitzenden der ersten Arbeitergewerkschaft von Coca-Cola, auf dieselbe Art gekündigt worden.

Diese repressiven Maßnahmen haben die Unruhe unter den Arbeitern jedoch nicht abwürgen können. Auf dem Höhepunkt des Streiks bei Ford wurde bekannt, dass zwei Gewerkschaftsmitglieder, die wegen eines Ausstands in der Awtowas-Fabrik in Togliatti entlassen worden waren, nach Verhandlungen zwischen der Unternehmensleitung und der VKT wieder eingestellt wurden. Die Arbeiter bei Ford hatten die Kollegen in Togliatti während ihres Streiks im Sommer unterstützt. Jetzt zeigten die Arbeiter in Togliatti ihre Solidarität, indem sie der Gewerkschaft der Ford-Arbeiter Geld schickten.

Diese Solidarität nimmt manchmal ungewöhnliche Formen an. Eine Gruppe junger Künstler und Philosophen, die die Zeitschrift *Was tun?* herausgibt, schickte einen offenen Brief an die Streikenden in Wsewoloschsk, in dem sie ihnen dafür dankte, dass ihre Aktionen sie bei ihrer kreativen Arbeit inspiriert hätten. Die Unternehmen gewöhnen sich allmählich daran, dass auch russische Arbeiter Rechte haben und dass es notwendig ist, Gewerkschaftsforderungen zu berücksichtigen. Die Strafmaßnahmen, mit denen die Unternehmen im Sommer 2007 reagierten, haben sich größtenteils als ineffektiv erwiesen. Der Erfolg einer Gewerkschaft wiederum spornt andere an, ihnen nachzueifern. Die Flut steigt.

Ende November 2007 planten die Lokomotivführer einen Streik, sahen sich aber nach einer gerichtlichen Verfügung und der Androhung von Repressalien seitens des Staates genötigt, ihn abzusagen. Einige Monate später führten sie den Streik dennoch durch, in dem Wissen, dass ihre Aktion als illegal eingestuft würde. Tatsächlich sehen sich die Arbeiter immer wieder gezwungen, das Gesetz zu brechen, um ihre Rechte durchzusetzen, und das ist die einzige Möglichkeit für die Gewerkschaften, sich Gehör zu verschaffen. Dies ist tatsächlich ein echter demokratischer Kampf, den die Bevölkerung viel besser versteht als die hohlen Phrasen der liberalen Opposition. Doch zur Erleichterung der Regierung werden die Arbeiterproteste nie mit den Aktivitäten der politischen Opposition gemeinsame Sache machen, denn deren Führer kritisieren den Kreml, weil er dem Markt nicht genug Freiheiten und den Neoliberalismus zu wenig zum Zuge kommen lässt.

Ein Mord für den Export

Gegen Ende von Putins Amtszeit steuerte das Ansehen Russlands im Westen einem neuen Tiefpunkt entgegen. Die liberale Opposition, der es nicht gelang, im eigenen Land Fuß zu fassen, wandte sich an die westlichen Medien, wo sie mehr Aufmerksamkeit und Verständnis fand. Auf der anderen Seite war der russische Sicherheitsapparat froh über die wachsende Spannung im Land, weil neue Konflikte für ihn neue Investitionen, mehr Förderung und größeren politischen Einfluss bedeuteten.

Als die bekannte Journalistin Anna Politkowskaya 2006 in Moskau ermordet wurde, beschuldigte die Opposition sofort Putin, hinter dem Verbrechen zu stehen. Der Präsident reagierte aufgebracht. Was sollte er denn für ein Interesse an der Ermordung der Journalistin haben? Anna Politkowskaya war zwar eine heftige Kritikerin des Krieges in Tschetschenien, aber seit dem Abflauen des Konflikts immer weniger aktiv in Erscheinung getreten. Es machte überhaupt keinen Sinn für Putin, sie umbringen zu lassen, aber für andere sehr wohl.

Nach dem Mord an Anna Politkowskaya prophezeite ich, dass es eine Fortsetzung geben würde. Unglücklicherweise hatte ich damit recht. Alexander Litwinenko kam in London ums Leben und machte Schlagzeilen, allerdings mehr in Großbritannien als in Russland. Was absolut logisch ist – die Engländer waren empört darüber, dass jemand, dem sie politisches Asyl gewährt hatten, umgebracht wurde.

Einige Tage nach dem Ereignis erklärte Scotland Yard der Öffentlichkeit, dass Litwinenko, ein ehemaliger KGB-Agent, der einen Monat zuvor die britische Staatsangehörigkeit erhalten hatte, vergiftet worden war. Gleichzeitig nannte Litwinenkos letzter Arbeit- oder zumindest Geldgeber, Boris Beresowski, erwartungsgemäß den Namen des Hauptverdächtigen – Wladimir Putin.

Des Weiteren liefen einige Fäden des Anschlags auf Litwinenko mit Erkenntnissen im Fall der Ermordung von Anna Politkowskaya zusammen. Die Ermittler vermuteten, dass der frühere KGB-Agent in einem japanischen Restaurant vergiftet wurde, wo er einen italienischen Journalisten getroffen hatte, der angeblich über Beweise bezüglich des Falls Politkowskaya verfügte. Nachdem er von der britischen Polizei verhört worden war, tauchte der Journalist, der um sein Leben fürchtete, irgendwo in Italien unter.

Litwinenko hatte den Kreml und den russischen Geheimdienst beschuldigt, sie hätten Putin den Weg zur Macht bereitet, indem sie 1999 Bombenanschläge auf Mietshäuser in Moskau und anderen Orten durchführen ließen, bei denen Menschen ums Leben kamen. Diese Anschläge halfen dem Regime tatsächlich, die breite Öffentlichkeit hinter sich zu bringen. Einige der Argumente von Litwinenko waren durchaus überzeugend, andere hingegen schwach. Sehr wahrscheinlich werden diese Bombenanschläge niemals aufgeklärt, ebenso wenig wie die wahre Geschichte der Anschläge vom 11. September in New York oder die Ermordung John F. Kennedys – auch viele andere berühmte Kriminalfälle des 20. Jahrhunderts wurden niemals aufgeklärt. Es gibt zahlreiche ähnliche Beispiele in der Geschichte, zum Beispiel das rätselhafte Verschwinden der Prinzen aus dem Londoner Tower im 15. Jahrhundert. Der Fall wurde nie aufgeklärt, nicht einmal ordentlich untersucht. Bis heute bleiben die Hintergründe im Dunkeln.

In der Regel verlieren die offiziellen Versionen im Laufe der Zeit an Glaubwürdigkeit. Alternativen Erklärungen fehlen zumeist stichhaltige Beweise, und die staatlichen Stellen weigern sich strikt, sie untersuchen und so aus der Welt räumen zu lassen. Private Ermittlungen führen zu widersprüchlichen Ergebnissen und Spekulationen. Das Urteil wird dann von der öffentlichen

Meinung gesprochen, die sich in solchen Fällen immer gegen die Machthaber wendet.

Unter den herrschenden Umständen wäre es taktisch höchst unvorteilhaft für die russische Administration gewesen, die Geister der Vergangenheit zu rufen. Der in London lebende Litwinenko war den Mächtigen in Russland kein Stachel im Fleisch, vor allem deshalb, weil seine Version der Bombenanschläge nur eine von vielen war und nicht einmal die überzeugendste. Doch wenn man einen ehemaligen KGB-Agenten auf spektakuläre Art umbringt, verschafft man seinen Anschuldigungen mehr Glaubwürdigkeit und schiebt die Angelegenheit in den Vordergrund. Die Gegner des Kreml sprangen auf den Fall an und nutzten die Chance, um den Giftanschlag auf Litwinenko als weiteres Argument gegen die Regierung zu benutzen und ihn mit der Ermordung von Politkowskaya und den Bombenanschlägen von 1999 in Zusammenhang zu bringen. Aus dem Westen betrachtet, sah Moskau nun wie die Hauptstadt des »Reichs des Bösen« aus.

Nur auf den ersten Blick wirken die prominenten Kritiker des aktuellen Regimes in diesem Zusammenhang wie die alleinigen Opfer. Wenn wir genauer hinschauen, sehen wir, dass die staatlichen Autoritäten in solchen Zusammenhängen sehr anfällig sind. Die tödlichen Schläge trafen nur die Kommentatoren des Großen Machtspiels, die Führer der Opposition blieben unversehrt. Im Ergebnis bekommt die Opposition ihre Märtyrer, und die Regierung gerät unter Verdacht. Unter diesen Umständen können Pro-Kreml-Experten mit guten Gründen darauf verweisen, dass der Giftanschlag auf Litwinenko und die Erschießung von Politkowskaya pure Provokationen waren, und dass die Opposition, Beresowski in Person, dies alles selbst organisierte, um die regierende Elite im Kreml zu diskreditieren.

Trotzdem ist es schwer vorstellbar, dass Beresowski seinen engsten Verbündeten in London umbringen lässt. Wie skrupellos er auch sein mag, er ist nicht verrückt und wird wissen, dass er beim geringsten Anzeichen eines Beweises nicht mehr aus den Klauen von Scotland Yard herauskäme.

Die Bombenanschläge in Moskau, Buinaksk und Wolgodonsk im Jahr 1999 zeugten von den harten Auseinandersetzungen innerhalb der herrschenden Elite. Die Morde an Politkowskaya und Litwinenko enthüllten, dass dieser Kampf trotz der Festigung von Putins Position weiterging. Weder Präsident Putin noch Beresowski würden solche Morde in Auftrag geben – für beide wären die Risiken größer als ein möglicher Nutzen.

Wenn wir diese Ereignisse allerdings unter dem Gesichtspunkt der Kämpfe um die Nachfolge im Kreml betrachten, ändert sich das Bild: Russlands Position in der

Welt zu untergraben, könnte den politischen Eliten ermöglichen, den nächsten Präsidenten nach Putins Amtszeit wieder besser zu kontrollieren. Der Name des Kandidaten war zwar noch nicht genannt, aber der Kampf um sein Amt hatte bereits begonnen.

Der neue Präsident

Putin regierte in einer Zeit des wirtschaftlichen Wachstums und der Erholung. Auch wenn die Regierung aus diesem Umstand den größtmöglichen Nutzen zog, war das keine besonders schwierige Aufgabe. Aber 2008 war die Zeit für ihn zu Ende.

Die Übertragung der Macht auf den nächsten Präsidenten wurde zur wichtigsten Angelegenheit der russischen Politik. Wer würde nach Putin ins Amt kommen, und wie sollte die Nachfolge geregelt werden? Der Kampf um die Nominierung fand statt zwischen den liberaleren Angehörigen der Regierung, die vom Finanz- und vom Wirtschaftsministerium unterstützt wurden, und den »Siloviki«, die den Sicherheitsapparat repräsentierten. Diese beiden Fraktionen der Bürokratie stellten die einzigen ernsthaften Machtgruppen im politischen Bereich dar, da die liberale Opposition zerfiel und die Linke machtlos und zersplittert war. »Einiges Russland« blieb als einzige dominierende politische Kraft in den Jahren 2007–2008 übrig, der aber eine klare Perspektive fehlte. Ohne die Unterstützung der führenden Kräfte in der Bürokratie konnte sie nichts erreichen.

Nach einigen Monaten der Verwirrung wurden wir Zeugen einer eigenartigen Vorwahl, wie sie nur in Russland ausgeheckt werden konnte. Zwei Kandidaten traten vor. Den beiden Ersten Stellvertretenden Premierministern Dmitrij Medwedew und Sergej Iwanow dabei zuzuschauen, wie sie sich um die Nachfolge von Putin bewarben, war kaum weniger unterhaltsam als die Vorwahlen zwischen Barack Obama und Hillary Clinton bei den US-Demokraten. Der einzige Unterschied war, dass bei den »Primaries« in Amerika die Medien und die Bürger eingeladen werden, am Prozess teilzunehmen, während die russischen Vorwahlen hinter verschlossenen Türen stattfanden, in den Büros der politischen Elite von Moskau.

Ein Ergebnis dieser anders gearteten Prozedur war, dass im Gegensatz zu den amerikanischen Kandidaten, die während der Wahlkampagne viel versprechen, was sie dann im Weißen Haus nicht halten, die russischen Kandidaten ihr Programm vor der Öffentlichkeit geheim hielten und erst bekannt geben wollten, wenn sie schon im Amt wären. Ich weiß nicht, welches System besser ist, aber ich bin fest davon überzeugt, dass unseres spannender ist. Es nährt Gerüchte und gibt uns zahllose Gelegenheiten, über die Zukunft zu spekulieren. Wahr ist natürlich auch, dass auf diese Erwartungen regelmäßig Überraschungen folgen, üblicherweise sind es unangenehme.

Die Menschen rätselten die ganze Zeit und warteten, was passieren würde. Zuerst versuchten wir den Namen des nächsten Präsidenten herauszufinden. Als dann Medwedew genannt wurde und die Wahl durchgeführt war, fragten wir uns, was für eine Politik ihm wohl vorschwebte. Politikexperten und Journalisten bemühten sich, anhand von gelegentlichen Aussagen und Gesten darüber zu spekulieren, wie Medwedews Programm aussehen könnte. Das zukünftige Staatsoberhaupt gab unserer Fantasie mit vagen Hinweisen auf mögliche politische Veränderungen Stoff. Ein Schlüssel für Medwedews Zukunft lag wohl am ehesten in der Betrachtung der Börsenkurse, des Ölpreises und der Inflationsrate. Heute, wo die Analysten sich bemühen, zwischen den Zeilen von Medwedews vagen Bemerkungen zu lesen, ist es den amtlichen Stellen noch immer nicht möglich, den Grund für die konstant hohe Inflation in unserem Land festzustellen. Der wichtigste Unterschied zwischen den acht Jahren unter Putin und dem, was wir unter seinem Nachfolger Medwedew erleben, kann folgendermaßen beschrieben werden: Putin regierte während eines Aufschwungs, und Medwedew muss sich nun mit dem Abschwung herumschlagen.

Der wirtschaftliche Aufschwung hat nicht zur Lösung der strukturellen Probleme geführt. Der größte Teil der russischen Industrieanlagen und Infrastruktur ist veraltet, und es werden nur sehr wenige öffentliche Investitionen gemacht. Die Wirtschaft ist weiterhin von den Öl- und Gasexporten abhängig, Technologieforschung wird immer weniger betrieben und die Abhängigkeit von den internationalen Märkten wächst.

Nach 1999 konnten wir ein stabiles Wirtschaftswachstum beobachten, das hauptsächlich auf den steigenden Ölpreisen basierte. Sollten nun die Ölpreise fallen, wird sich das entsprechend auf die Wirtschaft auswirken. Der Zusammenbruch des Rubel im Jahr 1998 führte zu einer massiven Entwertung der heimischen Währung, was zur Folge hatte, dass die inländischen Produzenten sich wieder Marktanteile zurückerobern konnten.

Die Stabilität unter Putin basierte auf der Tatsache, dass die Eliten des Landes in der Lage waren, Kompromisse zu finden, wenn es sein musste, und trotzdem das bekamen, was sie wollten. Jukos war ein gutes Beispiel dafür. Russlands größte Ölfirma wurde zerschlagen, aber die Elite teilte die Reste unter sich auf und genoss in friedlicher Eintracht den gemeinsamen Erfolg.

Eine globale Krise könnte diese friedliche Koexistenz zwischen den verfeindeten Klans im Kreml beenden. Die konkurrierenden Gruppen würden versuchen, einander auszustechen, gegeneinander zu polemisieren oder sich scharf anzuklagen, und dies könnte dann paradoxerweise wie eine aktive pluralistische Debatte über politische Themen wirken.

Medwedew leitete seine Amtszeit mit vagen liberalen Versprechungen ein, offenbar in der Hoffnung auf eine Annäherung an den Westen, nachdem sich die russisch-amerikanischen Beziehungen verschlechtert hatten, auch wenn es nicht Russlands Schuld war, dass sich die internationale Lage verschärfte. Wie sehr der Kreml sich auch bemühte, mit Washington auf einen gemeinsamen Nenner zu kommen, die damalige Politik von George W. Bush provozierte eine Krise nach der anderen. Russland hatte sich mit der Osterweiterung der NATO abgefunden; es protestierte gegen den Einmarsch in den Irak, schluckte den Ärger darüber aber hinunter. Doch auf jede russische Konzession folgte eine neue, noch aggressivere Initiative von Washington und seinen Anhängern in den ehemaligen Ostblockstaaten.

Am Schluss stand dann der Einmarsch Georgiens in die abtrünnige Republik Süd-Ossetien. Zehn Jahre lang war die Sicherheit Ossetiens durch Russland garantiert worden, und dies wurde auch international anerkannt. Es war mehr als klar, dass die Regierung in Georgien diese Abmachung nicht ohne Rückendeckung aus Washington einseitig aufgekündigt hätte. Diese Rückendeckung wiegte den georgischen Präsidenten Michail Saakaschwili in Sicherheit und ließ ihn annehmen, dass Russland sich wieder einmal zurücklehnen und nur zuschauen würde. Aber diesmal schlugen die Russen zurück. Sie marschierten in Süd-Ossetien und dann auch in Georgien selbst ein, womit sie eine internationale Krise provozierten.

Das war ganz bestimmt nicht Medwedews ursprüngliche Intention gewesen.

Der Krieg in Georgien

Natürlich wurde der Konflikt zwischen Russland und Georgien im Westen als Beweis für Russlands neoimperialistische Ambitionen interpretiert, während die Rolle der USA bei der georgischen Offensive in der einschlägigen Presse des Westens kaum Beachtung fand. Doch die eigentlichen Gründe für diese Konfrontation zwischen Russland und den Vereinigten Staaten unterscheiden sich wesentlich von der vorherrschenden Darstellung in den westlichen Medien.

Es hatte immer schon Probleme mit den abtrünnigen

georgischen Republiken Süd-Ossetien und Abchasien gegeben. Und es war deswegen zu Konfrontationen zwischen Washington und Moskau gekommen. Aber warum brach das alles jetzt hervor und schaukelte sich derart hoch? Und wie konnten sich die bilateralen Beziehungen so massiv verschlechtern, sogar als beide Seiten nach Kompromissen suchten, um das Ausmaß des Konflikts einzudämmen?

Um zu verstehen, was passiert ist, müssen wir einen Schritt zurücktreten von der Lage im Kaukasus und uns sogar von den russisch-amerikanischen Beziehungen abwenden. Wir müssen diese Krise in ihrem globalen Zusammenhang betrachten.

Als Antwort auf die Vorkommnisse in Süd-Ossetien drohte der Westen damit, Russland die Mitgliedschaft in der Welthandelsorganisation zu verweigern. Allerdings war, schon lange bevor der erste Schuss im Kaukasus fiel, klar, dass Russland auch gar nicht darauf hoffte oder wünschte, in die WTO aufgenommen zu werden – jedenfalls nicht ohne eine ganze Reihe von garantierten Zugeständnissen an Moskau. Und die WTO-Staaten haben es nicht geschafft, ihre Unstimmigkeiten über die Aufnahme Russlands während der laufenden Verhandlungen beizulegen.

Die Verhandlungen in Katar und die fortgesetzten Bemühungen der WTO-Mitgliedsstaaten zur Durchsetzung weitergehender Liberalisierungen im Welthandel wurden im Juli 2008 abgebrochen. Die osteuropäischen Staaten konnten sich nicht mit den Westeuropäern einigen, und Westeuropa geriet mit den USA aneinander, als es um Agrarsubventionen ging. Washingtons Plan für eine Freihandelszone in Südamerika wurde abgelehnt, während Venezuelas Präsident Hugo Chavez mit seiner Idee einer »Bolivarianischen Allianz für Amerika« bei Regierungen auf Interesse stieß, die ansonsten wenig Sympathie für seine radikale Politik hegten.

Was ging hier vor?

Grundsätzlich ändert sich das globale Wirtschaftssystem in Zeiten einer heftigen Krise auf dramatische Weise. In den letzten Jahren kam es zu Veränderungen weg vom freien Handel zwischen Ländern mit »offenen« Grenzen hin zu einem System, in dem ein harter politisierter Wettbewerb vorherrscht und rivalisierende Wirtschaftsblöcke einander gegenüberstehen. In vielem ähnelt diese Situation dem Europa vor dem Ausbruch des Ersten Weltkriegs. Dies soll keine weitere banale Warnung vor einem bevorstehenden Untergang sein. Wir sind in eine Ära des Protektionismus eingetreten, und dies hat zu den politischen Konflikten geführt, die wir nun beobachten können.

Es stimmt, dass Russland jetzt keine Chance hat, in die WTO aufgenommen zu werden, aber das ist schon ziemlich lange so. Es stimmt auch, dass Moskaus Börsenkurse fallen, aber diese Entwicklung begann schon lange, bevor die Welt etwas von Süd-Ossetien gehört hatte. Auch ist wahr, dass dies die Beziehungen zum Westen verschlechtern wird, aber waren die denn wirklich so gut?

Die meisten Investoren bringen ihr Geld in Länder, in denen sie guten Profit damit machen können, egal, welche politische Tendenz dort vorherrscht. Aber in dem Moment, wo die Gewinne ausbleiben, genügt eine politische Krise und die Investoren beginnen, ihr Geld aus dem Land zu ziehen.

So wie es aussieht, wird nun ausgerechnet Präsident Medwedew, der schon vor seinem Amtsantritt als Liberaler gelobt wurde, Russland in eine ernste Konfrontation mit dem Westen führen. Aber wir sollten es nicht ihm anlasten, denn die wahren Gründe für die globale Krise liegen in der widersprüchlichen Natur des Kapitalismus.

Was kommt nun?

Die dramatischen Jahre des »Übergangs«, die Russland in einen Schockzustand und eine anhaltende Depression versetzten, wurden folgerichtig abgelöst von einer allgemeinen Apathie und einem tiefsitzenden Bedürfnis nach Stabilität. Dies fand seinen Niederschlag nicht nur in der Regierungspropaganda, sondern wurde auch von der großen Masse der Menschen so empfunden. Am Ende der ersten Dekade des 21. Jahrhunderts hat die Lage sich verändert – die Wirtschaft und die öffentliche Moral haben sich erholt, auch wenn die meisten Konflikte und Probleme der vorherigen Periode ungelöst blieben. Moskau ist eine wohlhabende Stadt geworden, die dortigen Immobilienpreise lassen die in der Londoner City billig erscheinen. Russische Sportler gewinnen zahlreiche internationale Wettbewerbe, Filmemacher präsentieren neue Werke, deren Budgets größer sind als irgendwo in Europa, und die neue Mittelklasse erfreut sich an dem lang ersehnten Wohlstand. Die Währung ist stabil, die Regierung beliebt und das Volk voller Hoffnung.

Zu schön, um wahr zu sein. Zumindest in Russland. Vor allem, wenn man eine längere Entwicklung in Betracht zieht.

Nach siebzehn Jahren des Wandels hat das kapitalistische Russland sich in eine Gesellschaft verwandelt, die sich radikal von der sowjetischen unterscheidet, und in vielerlei Hinsicht kann es sogar auf Erfolge verweisen. Aber es hat versäumt, eine Elite herauszubilden, die sich auf eine positive Art legitimieren kann, außer indem sie auf den vergangenen Glanz des Zarenreichs oder der UdSSR verweist. Es hat versäumt, die Gesellschaft zu einen und ihr eine neue kulturelle Identität zu geben, von einer gemeinsamen Ideologie ganz zu schweigen. Und all diese Versäumnisse werden zum Vorschein kommen, wenn die Wirtschaftkrise das Land erst einmal richtig erfasst hat.

Eine Gesellschaft, die sich von den traumatischen Erfahrungen des letzten Jahrzehnts erholen muss, wird in eine neue Periode eintreten, in der die internationale Krise sich schmerzhaft auswirken wird, soziale Konflikte noch viel sichtbarer sein und die politischen Spannungen neue Themen auf die Tagesordnung setzen werden. Tatsächlich unterscheidet sie sich damit nicht sehr von allen anderen kapitalistischen Gesellschaften.

Zumindest in dieser Hinsicht wird Russland jetzt endlich »normal«.

Nachwort

Die seit 2008 bestehende Krise hat die Probleme der aktuellen Entwicklung Russlands aufs Äußerste verschärft. Bedeutende Reformen in Wirtschaft und Gesellschaft blieben jedoch aus, die Politik der Herrschenden beschränkte sich auf den Versuch, die in den Jahren wirtschaftlichen Wachstums angehäuften Ressourcen für die Stabilisierung der Lage zu verwenden. Erst im Frühling 2011, als sich am Horizont eine neue Kurve der Krise abzeichnete und die staatlichen Ressourcen ungeachtet des Zustroms von Geld aus dem Ölexport weitgehend erschöpft waren, begann in den der Macht nahestehenden Kreisen eine öffentliche Diskussion über die Notwendigkeit von Reformen, bei der aber die liberalen Experten den Ton angaben, die nicht auf einer Korrektur des ökonomischen Kurses, sondern im Gegenteil auf dessen Verschärfung bestanden.

Die liberale Entwicklungsstrategie sah die Notwendigkeit der Privatisierung der Staatsbetriebe vor, den Beitritt Russlands zur Welthandelsorganisation (ungeachtet dessen, dass die herrschenden Kreise in den Jahren 2008 bis 2009 einräumen mussten, dass ein solcher Beitritt ernste Risiken birgt) sowie eine Bildungsreform und Reformen des Gesundheitssystems und der gesamten »sozialen Sphäre«, die auf deren teilweisen Abbau und die allseitige Kommerzialisierung ihrer Strukturen abzielten. Das schon 2010 beschlossene Bundesgesetz Nr. 83 entbindet den Staat bereits von einem großen Teil seiner finanziellen Verpflichtungen im sozialen Bereich, obwohl seine praktische Durchführung auf das Jahr 2012 verschoben wurde. Genauer gesagt, das Gesetz wurde nur schrittweise umgesetzt, um massenhaften Widerstand zu vermeiden. Diese Taktik erwies sich im Ganzen als erfolgreich. Trotz der allgemeinen und zunehmenden Unzufriedenheit konnte man nirgends in Russland angemessene Proteste beobachten.

Während die politische Diskussion noch ausufernd darüber rätselte, wer von den zwei Personen des im Lande herrschenden »Tandems« – Präsident Dmitrij Medwedew oder Premierminister Wladimir Putin – wohl der offizielle Kandidat der Macht für die Wahlen 2012 würde, nahm die reale Agenda Gestalt an und zwang sich der Gesellschaft ohne jegliche Diskussion auf. Die Frage nach einem prinzipiellen Unterschied zwischen den beiden Führern des Landes stellte sich nie, was Dmitrij Medwedew im September 2011 auch ganz ehrlich eingestand, als er schließlich öffentlich bekannt gab, dass er seinem Kollegen und Konkurrenten den Präsidentenposten überlässt.

Obwohl eine mögliche Kollision nun gerade vermieden und der erstaunten Gesellschaft eine Antwort auf das Rätsel gegeben wurde, wer sich nun anschickt, sie in den folgenden zehn Jahren zu regieren, zeigte die Macht gleichzeitig ihre Unfähigkeit, auf irgendwelche anderen Fragen eine Antwort zu geben, insbesondere auf die Bedürfnisse und Erwartungen der Gesellschaft einzugehen, in der die Unzufriedenheit über den bestehenden Kurs gewachsen ist. Trotz der Siegesmeldungen im zensierten Fernsehen wurde die sich verschärfende Wirtschaftskrise von der Bevölkerung im täglichen Leben immer stärker empfunden und im bürokratischen Apparat selbst vernahm man ein dumpfes, aber unheildrohendes Gemurre: Die Bürokraten sahen die von Moskau ausgegebenen Instruktionen als zerstörerisch für die ihnen untergeordneten Strukturen und für den Staat im Ganzen an. Denn es ging um nicht mehr und nicht weniger als um die massenhafte Schließung von Schulen und Universitäten, um eine zwangsläufige Qualitätssenkung der Bildung durch die Vergrößerung der Schülerzahlen pro Klasse und die Verringerung der Anzahl der Lehrer und durch die Einführung verdummender Lehrprogramme (wenn z.B. die patriotische Propaganda den Fremdsprachenunterricht verdrängt). Daneben gibt es Beispiele grotesker Korruption und Inkompetenz, wenn sich die aus dem Staatshaushalt bezahlten neuen Straßenkilometer als genau 870 Meter lang erweisen, wenn historischen Gebäuden für ein kleines Schmiergeld nun ihr kultureller Wert aberkannt wird und zugunsten von neuen Supermärkten abgerissen werden, oder wenn ein für die Bewaffnung der russischen Armee vorgesehener Panzer teurer wird als ein in den Vereinigten Staaten produzierter, und das bei den wesentlich niedrigeren Arbeitslöhnen.

Was Gogol und Saltykow-Schtschedrin in ihren Werken als satirische Märchen beschrieben, ist heute zu einer alltäglichen banalen Praxis geworden, die nicht einmal mehr ein Schmunzeln hervorruft. Die Nachrichten berichten regelmäßig von untergehenden Schiffen, abstürzenden Flugzeugen, sich unaufhaltsam ausbreitenden Waldbränden und von durch unzählige und astronomisch teure Bauvorhaben aufgerissenen Straßen in der Hauptstadt, auf denen man stundenlang nicht durchkommt. Die allgemeine Stimmung drückt sich in der populären Anekdote aus, in der Theologen die Frage diskutieren, ob der Weltuntergang auch in einem einzelnen erwählten Land möglich sei.

Auf all das reagiert die Macht in keiner Weise, sie zeigt sogar demonstrativ ihren Unwillen, eine Staatstrauer für die Hockeymannschaft anzusetzen, die in Jaroslawl bei einem Flugzeugabsturz ums Leben kam, übrigens genau in dem Moment, als Präsident Medwedew in dieser Stadt mit den Vertretern der nationalen und ausländischen Elite zusammenkam, um im »Politischen Weltforum« Fragen von Armut und Multikulturalismus zu diskutieren.

Der Unwille der Macht, die reale Lage im Land wahrzunehmen, sagt nichts über die Festigkeit ihrer eigenen Position aus, aber viel über die wachsende politische Krise. Die herrschenden Kreise wussten einfach nicht, was zu tun war, und so zogen sie es vor, nichts zu tun. Die Wirtschafts- und Sozialpolitik verharrte in Untätigkeit bzw. wich von der schon im letzten Jahrzehnt vorgegebenen liberalen Leitlinie nicht ab. Die Macht war weder fähig noch gewillt, Entscheidungen zu treffen.

Die weltweite Krise hat die Probleme des Landes, das vom Export von Rohstoffen und Energieträgern abhängt, verschärft und vertieft. Da die russischen Bürokraten und Geschäftsleute – »Bisnesmeni« – keine Möglichkeiten hatten, auf die Situation Einfluss zu nehmen, waren sie Geiseln des Weltmarktes, denen nichts anderes übrig blieb, als täglich die New Yorker und Londoner Börsenkurse zu studieren: fallende Notierungen der Ölpreise oder der Aktien großer Gesellschaften bedeuteten unausweichlich eine negative Bewertung durch Analysten. Die von Dmitrij Medwedew versprochene Modernisierung der Wirtschaft und Gesellschaft brachte die Einführung von LED-Lampen in staatlichen Einrichtungen und den Bau der ebenso teuren wie unsinnigen Wissenschaftsstadt in Skolkowo hervor, wohin umzuziehen russische und ausländische Wissenschaftler brüderlich ablehnten (die Teilnahme an dem Projekt in Skolkowo hätte zwangsläufig bedeutet, früher begonnene wissenschaftliche Forschungen aufzugeben und mit den sich an anderen Orten bereits gut entwickelten Laboren zu brechen). Nachdem man für riesige Summen diverse Prunkbauten errichtet hatte, bemerkten die Kremlbürokraten, dass sie eine leere Hülle ohne Inhalt geschaffen hatten. Nicht nur, dass hier niemand anders arbeiten wollte, schlimmer noch, sogar die Initiatoren der Skolkower Utopie selbst hatten nicht die geringste Lust, in dieser Wissenschaftsstadt zu studieren und zu forschen. Sie verteilten Gelder und hofften inständig auf ein Wunder des Marktes, der ganz allein alle Probleme lösen würde – ein Warten auf den Weihnachtsmann für Erwachsene.

Es gab grundlegende Probleme, die einen guten Neuanfang verhinderten, aber da niemand diese Probleme erkannte, wurden sie auch nicht gelöst. Es wurde über Industrialisierung, Modernisierung, Kampf gegen die Korruption, Straßenbau, Gesundheitswesen und Bildung geredet, doch in der Praxis erwies sich die Periode von 2008 bis 2011 bloß als eine Zeit, in der langsam, aber stetig die Reproduktionsmechanismen der bestehenden

Strukturen in den Bereichen der Wirtschaft, Gesellschaft und Politik zusammenbrachen.

Für einen bedeutenden Teil der Gesellschaft einschließlich der Bürokraten offenbarte sich die Unfähigkeit des russischen Staates in seiner gegenwärtigen Gestalt, die Probleme des Landes zu lösen. Die Regierung sah keine andere Lösung, als Geld in die »Problemzonen« zu pumpen, was jedoch nur zum Anwachsen der Korruption führte. Je mehr Geld durch diese Kanäle floss, desto mehr Probleme tauchten schließlich auf. Das ist das sogenannte »Klempner-Dilemma«: Wenn die Rohre löchrig sind, ist die vermehrte Förderung von Wasser unsinnig. Entweder man pumpt mehr Wasser hinauf, das dann irgendwohin versickert, oder man senkt den Druck wieder und das Wasser gelangt nicht bis in die Wohnung. Im Rahmen dieses Spiels wird jede Entscheidung zu einem schlechten Ergebnis führen. Mit den Geldern passierte genau das gleiche. Der Staat spielte Klempner: mal mehr Wasserdruck, mal weniger. Und solange man in der Politik nicht zum Rohrwechsel übergeht, wird sich nichts ändern. Doch eine Politik des Austausches von Rohren würde bedeuten, nicht weiter nur mit Finanzmethoden zu agieren, sondern die Hochschulen zu reformieren, die Kaderpolitik abzulösen und sofort zu praktischen Entscheidungen überzugehen: dem Bau von Fabriken und Straßen und der Wiederherstellung eines Bildungssystems. Von den unteren Gesellschaftsschichten wurde die objektiv dringende Notwendigkeit einer Verstaatlichung der Rohstoffmonopole, einer Reorganisation des Staatssektors und Entwürfe von landesweiten Gesamtplänen zur Schaffung einer neuen Infrastruktur für den Energietransport, die Notwendigkeit des Schutzes und der Wiederherstellung des Binnenmarktes und damit auch der Wiederherstellung eines Sozialstaates klar erkannt, aber ebenso folgerichtig von den herrschenden Kreisen ignoriert, die den Dogmen des Marktes treu ergeben sind. Hierbei unterscheidet sich die Opposition nicht wesentlich von der Macht. Doch bei genauerem Hinsehen besteht das Problem nicht in der Ideologie, sondern in den vorherrschenden konservativen Interessen. Änderungen in der Wirtschaft oder der Politik zuzulassen, hieße für die im Land herrschende Finanz- und Rohstoffoligarchie, sich selbst abzuschaffen.

Unter diesen Bedingungen kann es eine Lösung der Krise nur durch ihre Zuspitzung und Verschärfung geben. Und die Macht, die schreckliche Angst vor der Krise hatte und versuchte, so zu tun, als ob es sie nicht gäbe, sorgte in der Praxis genau für deren Zuspitzung und Verschärfung.

Die Entscheidung, dass Putin für das Präsidentenamt 2012 kandidiert, die alle beruhigen und als Beweis der Stabilität dienen sollte, rief nur Fassungslosigkeit hervor und ließ neue Kämpfe innerhalb des Apparats aufflackern. Wer auf Dmitrij Medwedew gesetzt hatte, war tief enttäuscht. Doch diejenigen, die ihre Hoffnungen auf die Rückkehr Wladimir Putins gesetzt hatten, zeigten sich nicht weniger enttäuscht. Putin kehrt ja nicht deswegen auf den Präsidentenposten zurück, weil er irgendetwas verändern oder verbessern will, sondern im Gegenteil nur, damit alles unverändert bleibt, und das in einer Situation, in der die Gesellschaft die Notwendigkeit von Veränderungen nicht nur rational erkennt, sondern auch tief empfindet. Die Veränderungen sind zum lebenswichtigsten Bedürfnis für Millionen von Menschen auf allen Ebenen der sozialen Hierarchie geworden – natürlich mit Ausnahme der Elite. Das schreiende Auseinanderklaffen zwischen Elite und Gesellschaft – das man übrigens nicht nur in Russland beobachten kann – ist ein Vorzeichen unvermeidlicher Erschütterungen.

Es ist eine Pattsituation entstanden. Wer auf Medwedew gesetzt hatte, war enttäuscht und beleidigt, und wer auf Putin gesetzt hatte, war verlegen und verstört. Die Wahl des Letzteren erschien nicht als die Wahl einer neuen Linie. Die Kandidatur wurde als reine Personalentscheidung getroffen, die keinerlei politischen Inhalt präsentierte und zudem aus dem Stegreif erklärt wurde. Es bestand Zugzwang unter Zeitnot: Abgesehen davon, dass jeder folgende Schachzug die taktische Position verschlechterte, war zudem keine Zeit, strategische Vorwärtsbewegungen reiflich zu überlegen. In den ersten Jahren seiner Präsidentschaft war es für Wladimir Putin möglich gewesen, eine liberale Wirtschaftspolitik und gleichzeitig eine ziemlich populäre und aktive Sozialpolitik zu betreiben. Beim Fiskus gab es reichlich Geld, und dessen Zufluss steigerte sich stetig, sodass man verschiedene Interessengruppen bedienen konnte. Darauf basierten der putinsche Kompromiss und das Gefühl einer gewissen Zufriedenheit sowohl seitens der Geschäftsleute als auch der Bevölkerung. Jedoch veränderte die Krise von 2008 die Spielregeln. Die der Regierung zur Verfügung stehenden Mittel verknappten sich abrupt. Sogar dort, wo es nicht schlecht aussah, versteckte sich hinter den Zahlen des Staatsaufkommens und dem Zuwachs an Gold- und Devisenvorräten des Landes eine Geldentwertung nicht nur des Rubels, sondern auch des amerikanischen Dollars. Die Ausgaben für soziale Belange stiegen zwar nominell schnell an, doch die Fähigkeit des Staates, etwas Positives in diesem Bereich zu bewirken, nahm rapide ab. Zudem beteuerten die liberalen Ökonomen, dass gerade die »Überbelastung« des Budgets durch soziale Verpflichtungen das Hauptproblem darstelle. Die Regierung sah das genauso und ergriff Maßnahmen zur Eindämmung der Ausgaben. Vor allem aber führte sie Strukturreformen durch, die die

Entwicklung für den sozialen Sektor in diesem Bereich blockierten und dessen Übergang zur »Eigenfinanzierung« stimulieren sollten.

Gerade die Verwaltungsbeamten, die die Fortsetzung des neoliberalen Kurses bei wachsender Unzufriedenheit der Massen durchführen mussten, litten unter Stress. Die Macht war nicht imstande, irgendeinen neuen Kurs zu entwickeln, obwohl das Weitermachen wie bisher offenkundig genauso verhängnisvoll für die Gesellschaft war wie für die Macht. Die von den herrschenden Kreisen eifrig, aber inkonsequent durchgeführten unpopulären Maßnahmen ließen die Zahl der Unzufriedenen mit jedem Tag ansteigen. Aber der Kreml profitierte von der Unfähigkeit der Opposition, aus der allgemeinen Lage Nutzen zu ziehen. Die liberale Opposition kritisierte nicht die gegenwärtige Regierungspolitik als solche, sondern bloß die Inkonsequenz, mit der sie durchgeführt wurde. Doch diese Inkonsequenz ergab sich zwangsläufig durch den Widerstand in der Gesellschaft, einschließlich unterer Ränge der Bürokratie auf der einen Seite, andererseits durch die katastrophalen Folgen der Reformen, die sich jedes Mal zeigten, wenn die Macht jene »Konsequenz« durchsetzte. Seitens der Nationalisten und der Kommunistischen Partei der Russischen Föderation (KPRF), die sich in ihrer Ideologie übrigens nicht besonders von den Nationalkonservativen unterscheiden, gab es nicht die geringste Bereitschaft, ihre Hirne mit Überlegungen über die gesellschaftlichen und wirtschaftlichen Probleme zu strapazieren. Sie beschränkten sich auf allgemeine Floskeln über das »volksfeindliche Regime« und fluchten auf Juden, Arbeitsimmigranten, Moslems und die nationalen Minderheiten. Diese Opposition erschöpfte sich in Spaltungen. In den Jahren 2010–2011 war die Führung der KPRF gezwungen, die eigenen Regionalorganisationen eine nach der anderen aufzulösen, weil dort kritisch gesonnene Aktivisten die Oberhand gewonnen hatten, die von der Partei forderten, wenigstens zu Ansätzen einer linken Ideologie und Politik zurückzukehren. Die lokalen Parteiorganisationen in Petersburg, Krasnojarsk, Tscheljabinsk und Moskau wurden zerschlagen. In anderen Städten entbrannte ein heftiger Kampf zwischen den Oppositionsgruppen und den Vertretern des Parteiapparats. Die aus der Partei ausgeschlossenen Kommunisten gründeten Bündnisse der Kommunisten (in Petersburg nannte sich die Organisation »Aurora«).

Nach der Spaltung der KPRF schafften es die Linken und der mit ihnen verbündete große Teil der jugendlichen Aktiven der sterbenden kommunistischen Partei es dennoch nicht, zu der notwendigen kritischen Masse zu werden, um wirklich eine politische Macht darzustellen. Eine Reihe linksradikaler Gruppen vereinigte sich in der

RSD (Russische Sozialistische Bewegung), die ihre Zahl an Mitgliedern und Regionalorganisationen schnell vergrößern konnte, vor allem durch das Aufsaugen von Aktivistengruppen, die sich schon früher gebildet hatten.

Auch die freien Gewerkschaften erlebten keine guten Zeiten. Nach einem langen bürokratischen Kampf konnten sich die wichtigsten Organisationen in einer einheitlichen Struktur organisieren, der Konföderation der Arbeit Russlands (KTR). Allerdings führte die Stärkung der formalen Einheit der Bewegung letztlich zur Schwächung ihrer Aktivitäten. Depression und Produktionsrückgang sind nicht die beste Zeit, um Gewerkschaftsarbeit zu entwickeln. Die stärkste Kraft der KTR war die Gewerkschaft der Automobilarbeiter, die ihre Präsenz in diesem Segment sogar trotz der Rezession steigern konnte. Leider war dies die Ausnahme, die die allgemeine Regel bestätigte. Die freien Gewerkschaften, die während des industriellen Aufschwungs in den Jahren 2006–2007 entstanden waren, konnten sich nicht vergrößern. So war Russland Ende 2011 in eine paradoxe Sackgasse geraten. Einerseits war die Unzufriedenheit fast allgemein verbreitet und strebte ihrem Siedepunkt zu, entsprechend der bekannten leninschen Maxime, nach der die unteren Schichten nicht mehr so leben wollten wie bisher, aber die herrschenden Klassen ihre Herrschaft nicht unverändert aufrechterhalten konnten.

Wie oft in der Geschichte, kommt die Krise der herrschenden Klassen der anwachsenden Unzufriedenheit der unteren Schichten sogar zuvor.

Ein großer Teil der Bevölkerung war Anfang dieses Jahrtausends, in den Jahren relativen Wohlstands, ganz zufrieden und durchaus bereit zu einer friedlichen Koexistenz mit der bestehenden Macht und der neuen gesellschaftlichen und staatlichen Ordnung, aber es waren die herrschenden Kreise, die mit ihren Vorstößen und Reformen diese Balance zerstörten und die friedlichen Bürger zu grimmigen Radikalen machten.

Andererseits gab es keine politischen Kräfte, die auch nur ansatzweise fähig gewesen wären, die Krise zu nutzen, um sich an die Spitze der allgemeinen Unzufriedenheit zu stellen, diese zu fokussieren und ihr den Charakter einer ernstzunehmenden Massenbewegung zu geben. Aufs Ganze gesehen passte dem Kreml diese Pattsituation, die die Illusion von Stabilität verbreitete. Aber so eine Situation kann jeden Moment mit einer Explosion und einer Katastrophe enden. In politisch schweren Zeiten muss sich der Massenprotest entweder in spontanen Aufständen oder in basisnahen sozialen Bewegungen artikulieren, die sich für lokale Interessen und Ziele einsetzen, die wegen der Unnachgiebigkeit, der Ineffizienz und Handlungsunfähigkeit des staatlichen Apparates automatisch mit allen Machtstrukturen in Konflikt geraten.

Das Gespenst der arabischen Revolutionen verfolgt nicht ohne Grund die Ideologen und Politiker im Kreml seit genau dem Moment, in dem die Volksmassen in den nordafrikanischen Ländern auf die Straße gingen. Die Lage in Russland ist der im fernen heißen Kontinent verblüffend ähnlich. Der Unterschied besteht nur darin, dass sich die russische Gesellschaft in vielen Aspekten als handlungsunfähiger erweist als selbst die ägyptische. Das hängt zum Teil mit der gesellschaftlichen und demografischen Entwicklung Russland zusammen: Die Bevölkerungszahl ist zurückgegangen, und die nur an persönlichen Zielen orientierte Jugend zeigt keine Initiativen, auf gesellschaftlicher Ebene aktiv zu werden. Die kulturelle und soziale Rolle, die im Europa der sechziger bis Anfang der siebziger Jahre die Studenten spielten, nimmt im heutigen Russland eine gänzlich andere, in einem gewissen Sinne entgegengesetzte Figur ein: der Rentner.

Als Herbert Marcuse seinen berühmten »Versuch über die Befreiung« schrieb, sprach er keineswegs deshalb über die führende Rolle der Studenten, weil sie jung und voller Hoffnung waren. Sondern gemäß Marcuses Logik ist der Student nicht in den Produktionsprozess der bürgerlichen Gesellschaft eingebunden, er arbeitet noch nicht lohnabhängig und gehört deshalb zu keiner der grundlegenden sozialen Klassen. Für die russischen Studenten von 2011 trifft dieses Modell nicht zu. In dem

Maße, wie der Sozialstaat verschwand, hat sich auch der Charakter der Universitätsausbildung geändert. Selbst diejenigen Studenten, die Zugang zur kostenlosen Bildung haben, können sich nicht einfach auf ihre Aufgaben konzentrieren. Die überwältigende Mehrheit von ihnen ist gezwungen, irgendwo zu arbeiten. Gleichzeitig verwandelt sich die Universität immer mehr: von einem Ort, an dem die Menschen in die Wissenschaft eingeführt werden, hin zu einer Organisation, die ihre Abgänger mit Diplomen versorgt, die deren sozialen Status bestätigen. Die Konsumkultur breitet sich unter den Jugendlichen massiv aus, ihr Bewusstsein wird in weit größerem Maße von Werbeclips bestimmt als von Literatur und Philosophie.

Die Rolle des Aktivisten an vorderster Front kommt nun immer häufiger den Rentnern zu, die, wie die Studenten bei Marcuse, größtenteils nicht nur vom Produktionsprozess ausgeschlossen sind – auch wenn viele von ihnen noch arbeiten –, sondern sich in ihren Anschauungen als viel radikaler erweisen. Äußerst erstaunt stellen die Soziologen fest, dass die sozialen Wertvorstellungen, die die ältere Generation hat, viel weniger konservativ und viel »modernistischer« sind als die der jungen Leute, die eher geneigt sind, die von Kirche und Staat als »natürlich« verkündeten Grundwerte zu übernehmen. Das reicht bis in die Rollenverteilung in der Ehe, der Geschlechterbeziehungen usw. Natürlich leben die jungen Leute tatsächlich nicht in Übereinstimmung mit den von ihnen anerkannten »Werten« – wiederum im Unterschied zu der älteren Generation, die weniger anfällig für solche Moralschizophrenien ist. Aber genau deshalb zeigt sich der russische Rentner viel öfter als seine Enkel als Idealist. Man muss sich nur an die Volksunruhen im Jahre 2005 erinnern, wo die allermeisten Teilnehmer schon im fortgeschrittenen Alter waren. Die Macht hat das gut verstanden und bemüht sich deshalb sehr, die Rentner nicht zu brüskieren und ihre Interessen zu berücksichtigen. Sie orientiert sich bei Weitem stärker an ihnen als an den Jugendlichen. Es war gerade die Angst der Regierung vor der Unzufriedenheit der alten Leute, die sich nach 2005 als wichtigster Faktor für die Erhaltung des Sozialstaates in Russland erwies, ungeachtet der von den Behörden offen bekundeten Absicht, ihn schrittweise abzubauen. Andererseits verletzten die Bürokraten ständig die Rechte der Jugendlichen, die kaum Widerstand leisteten. Selbst bei den Protesten gegen die Bildungsreform spielte die ältere Generation eine größere Rolle als die jüngere.

Doch gegen Ende 2011 führte die allmähliche Radikalisierung, die unterschiedlichste Schichten und Altersgruppen erfasst hatte, zu einer Stärkung auch des Selbstbewusstseins der Jugendlichen, sodass es in der Folge davon in einigen Universitäten zu Auseinandersetzungen und Studentenprotesten kam, wenn auch nicht gerade massenweise.

Die Weltwirtschaftskrise verschont kein Land, und ihre zerstörerischen Auswirkungen bedrohen das Überleben auch der russischen Eliten. Das globale Regime des Neoliberalismus hat zu einer beispiellosen Deklassierung der Massen geführt, zur Zerstörung alter Zusammenhänge und zum Zusammenbruch stabiler gesellschaftlicher Organisationen. Genau dieser Prozess hat auch eine noch nie gekannte Proletarisierung der Bevölkerung weltweit in Gang gesetzt. Das neue Proletariat, das das alte ablöst, geht in vielem ähnliche Wege, es wiederholt alte Fehler und wird neue begehen, es gerät in die Falle trügerischer Antworten und demagogischer Ideologien, aber es wird sich aus diesen Fallen herausziehen, indem es sich seiner eigenen Interessen und seiner Lage bewusst wird.

Wird Russland abseits dieser Prozesse bleiben? Natürlich nicht. Die Dynamik der gesellschaftlichen Krise nimmt ihren Lauf, die Fragmentierung der Eliten findet statt, und die Lage des russischen Kapitalismus wird sogar von einem bedeutenden Teil der herrschenden Klasse als ausweglos begriffen. Trotz der astronomischen Ölpreise, die durch Spekulationen an den Weltbörsen künstlich hoch gehalten werden, verschlechtert sich die Lage schnell und unübersehbar. Doch in dem Maße, wie der Börsenspekulation die Luft ausgeht, geht auch die gegenwärtige Periode hoher Ölpreise ihrem Ende entgegen.

Es ist dabei nichts Ungewöhnliches, dass die Zerfallsprozesse der Entstehung von Alternativen zuvorkommen. Im Gegenteil ist das ein typisches Zeichen einer revolutionären Epoche. Eine revolutionäre Kraft oder eine revolutionäre Theorie kann (im Unterschied zu einem Reformprogramm) nicht im Voraus ausgearbeitet sein, sie kann sich nur im Lauf der Entwicklung einer Revolution bilden und dabei reifen.

Auf einem anderen Blatt steht, dass die Geschichte keine Garantien ausstellt. Die Zukunft hängt von denen ab, die sie schaffen, von denen, die denken und handeln.

B.K., Oktober 2011

★